Margarete Kümpel

Kleine Kinder – große Wut

Soforthilfe und dauerhafte Lösungen

Ravensburger Ratgeber im Urania Verlag

Für Anna-Lena und Wolfgang

Weitere Titel zum Thema bei Urania:

Donna G. Corwin: Die Auszeit-Methode. Der neue Weg, Konflikte zu lösen. ISBN 3-332-01096-4

Helga Gürtler: Regeln finden ohne Tränen. So lösen Sie Konflikte in der Familie. ISBN 3-332-01310-6

Die Deutsche Bibliothek – CIP-Einheitsaufnahme
Ein Titeldatensatz für diese Publikation ist bei Der Deutschen Bibliothek erhältlich.

www.dornier-verlage.de
www.urania-verlag.de

1. Auflage März 2002
© 2002 Urania Verlag, Berlin
Der Urania Verlag ist ein Unternehmen der Verlagsgruppe Dornier.

Die Autorin Margarete Kümpel ist Diplom-Psychologin. Sie studierte nach ihrem Abitur Germanistik und Theologie, später berufsbegleitend Psychologie. Nach mehreren Jahren als Lehrerin an einer Berliner Grundschule arbeitet sie heute als Dozentin für Psychologie und Theologie an einer Fachschule für Sozialwesen. Margarete Kümpel hat eine kleine Tochter.

Umschlaggestaltung: Behrend & Buchholz, Hamburg
Titelfoto: Corbis Stock Market/George Shelley
Fotos: Gertie Burbeck, Mönchengladbach, außer S. 57, 59: Redaktionsbüro Stark; S. 43, 52: PhotoDisc
Redaktion: Jeanette Stark-Städele
Herstellung: Thoms Buchdesign, Berlin
Druck: Westermann Druck Zwickau
Printed in Germany

ISBN 3-332-01312-2

Inhalt

Einführung

Eine alltägliche Ärgergeschichte

Meine erste Beobachtung eines faszinierenden Ärgergeschehens liegt nun schon lange zurück, und dennoch erinnere ich mich an diese Szene am familiären Mittagstisch mit filmischer Genauigkeit. Mein jüngster Bruder muss damals etwa zwei Jahre alt gewesen sein, und aus irgendeinem Grund war er an diesem Tag schlecht gelaunt. Als er an seinen Platz am Tisch gesetzt worden war, maulte er auch über das Essen; aber dem schenkte noch niemand am Tisch so rechte Beachtung. Erbost ob dieser Missachtung seiner Befindlichkeit, nahm mein Bruder seinen Löffel und schlug in den Spinat, dass es nur so spritzte. Es folgte die erste deutliche Zurechtweisung durch meinen Vater. Angestachelt durch die nun endlich vorhandene Aufmerksamkeit, schlug der Kleine ein zweites Mal zu. Das Gespräch am Mittagstisch verstummte, wir Geschwister waren sprachlos angesichts solchen Frevels; eine zweite, etwas schärfere Ermahnung folgte, mit dem deutlichen Hinweis, dass er unverzüglich seinen Platz zu räumen und im Flur zur Besinnung zu kommen habe, wenn sich das Geschehene wiederholen sollte.

Und was tat der Missetäter? Er schlug mit voller Energie zum dritten Mal in das Gemüse! Lautes Geschrei seinerseits begleitete diesen Schlag, wusste er doch, was jetzt kommen würde. Mein Vater, nun seinerseits deutlich verärgert, packte meinen Bruder und trug ihn in den Flur. Es erfolgte ein scharfer Verweis; außerdem dürfe er erst wieder an den Tisch zurückkehren, wenn er brav geworden sei. Es vergingen nur wenige Augenblicke, da kam der kleine Wüterich zurück, bekundete, nun lieb zu sein, wurde an seinen Platz gesetzt, sah meinem Vater tief in die Augen, nahm den Löffel und … platsch. Es folgte großes Geschrei und anschließend die wohl erste und letzte Tracht Prügel, die mein Bruder von meinem Vater bekommen hat.

Bewusst provozieren – das hat für Kinder einen besonderen Reiz.

Über dieses Buch

Die Wut ihrer
Kinder stellt Eltern
vor viele Fragen –
auch hinsichtlich
ihres eigenen
Verhaltens.

Diese und ähnliche Geschichten zum Thema „Ärger" und den Umgang mit dieser so explosiven Emotion sind Gegenstand dieses Ratgebers. Es handelt sich um Erlebnisse und Situationen, die allen, die mit Kindern zu tun haben, vertraut sind. Wir alle stehen gelegentlich vor Situationen, die unser pädagogisches Geschick bis aufs Äußerste herausfordern. Dabei erschrecken wir nicht selten über unsere eigene Hilflosigkeit angesichts eines Gefühls, dessen Ausbruch bisweilen zerstörerische Gewalt annehmen kann.

Doch den Umgang mit Wut muss jedes Kind erlernen. Allerorten wird derzeit die Bedeutung der emotionalen Intelligenz, der sozialen Kompetenz und der Teamfähigkeit betont. Aber wie, so fragt man sich als besorgte Eltern, wie erzieht man sein Kind zu solchen Fähigkeiten? Wie bringt man seinem Kind bei, seinen Gefühlen in sozial verträglicher Weise Luft zu machen? Und ist es überhaupt sinnvoll, Kinder zu lehren, den Ausdruck ihrer Gefühle derart zu kontrollieren? Und wie sollen Eltern in der konkreten Situation mit den Wutausbrüchen ihres Kindes umgehen? Und nicht zuletzt: Wohin mit dem eigenen Ärger? Wie reagieren Eltern ihre Wut ab?

Dieser Ratgeber möchte über ein tieferes Verständnis der Emotionen „Ärger" und „Wut" Möglichkeiten im Umgang mit diesen konfliktreichen Gefühlen aufzeigen und Anregungen für neue Handlungsweisen geben. Patentrezepte wird man in diesem Buch allerdings vergeblich suchen, denn besonders im pädagogischen Bereich gibt es kaum die *eine* Handlungsweise, die immer und in jeder Situation Abhilfe schafft.

Im Mittelpunkt dieses Ratgebers steht die Altersgruppe der Zwei- bis Sechsjährigen, sind es doch gerade diese „Kleinen", die Eltern ob ihrer Zornesausbrüche ratlos machen und sie nach neuen Wegen im Umgang mit dem alltäglichen Ärger suchen lassen.

Über Ärger und Wut

Der tägliche Ärger, die heftige Wut – wer kennt sie nicht, diese Gefühle? Kinder werden von diesen Emotionen meist heftig mitgerissen, die Eltern stehen ratlos daneben. Wie sollen sie reagieren, und was bedeuten diese Ausbrüche überhaupt?

Von Gefühlen mitgerissen

Ärger kann Auslöser für Veränderungen sein.

Erinnern Sie sich noch, wann Sie sich zuletzt geärgert haben und worüber? Und wann Sie so richtig wütend waren?

Wahrscheinlich fallen Ihnen bei dieser Frage gleich mehrere Situationen ein, die noch gar nicht so lange zurückliegen.

Dies ist keineswegs verwunderlich, gehören Ärger und Wut doch zu den am häufigsten durchlebten Emotionen.

Untersuchungen zeigen, dass Erwachsene Ärger häufiger erleben als andere Emotionen; sie erleben ihn häufiger als Freude, Trauer oder Scham.

Schulkinder gaben in einer Befragung an, sich im Durchschnitt mehr als einmal pro Tag zu ärgern. Interessanterweise zeigten sich bei den befragten Kindern hinsichtlich der Häufigkeit des Ärgererlebens große individuelle Unterschiede. Einige Kinder gaben weitaus häufiger an, sich zu ärgern als andere. Auf diesen Punkt der individuellen Unterschiede in der Häufigkeit des Ärgererlebens wird später noch genauer einzugehen sein (siehe Seite 43 ff.).

Es gibt Wissenschaftler, die davon ausgehen, dass Ärger für unsere Entwicklung, also für den kulturellen Fortschritt, unerlässlich sei. Man braucht wohl ein gewisses Maß an Ärger über das Bestehende, um die Energie aufzubringen, Änderungen herbeizuführen, Ideen zu verwirklichen und Widerstände zu überwinden.

Wurde das Rad vielleicht erfunden, weil sich jemand ärgerte, dass er so schwere Lasten tragen musste oder so oft hin und her laufen sollte?

Vielleicht liegt die Motivation zum Krabbeln- und Laufenlernen bei Kindern darin, dass sie sich ärgern, die wirklich interessanten Dinge, wie Blumenerde in den Töpfen, Bücher in den Regalen oder Mehltüten im Vorratsschrank, nicht erreichen zu können.

Ärger hat also durchaus konstruktive Seiten; er lässt uns über Missstände nachdenken, Alternativen suchen und neue Wege gehen. Doch leider ist das nur die eine Seite des Ärgers.

Denn Ärger kann auch destruktiv sein. Er bricht sich bisweilen nahezu gewaltsam seine Bahn, wenn wir Dampf ablassen müssen, vor Wut an die Decke gehen könnten oder vor Ärger aus irgendeinem Gegenstand am liebsten Kleinholz machen würden. Vor lauter Verärgerung über die Handlungsweisen eines anderen werden Beziehungen abgebrochen; verärgert verletzt man andere mit Worten und Taten.

Ärger kann auch zu völlig überzogenen, destruktiven Reaktionen führen.

Manche Menschen richten ihren Ärger allerdings nicht nach außen, sondern gegen sich selbst. Minderwertigkeitsgefühle, Depressionen und Versagensängste können hier ihren Ursprung haben.

Kinder scheint der Ärger bisweilen mit Urgewalt mit sich zu reißen. Manche toben vor Wut über scheinbare Nichtigkeiten, werfen sich zu Boden, egal, wo sich der Boden befindet, im Kaufhaus, in der Kirche, in der Küche. Der Ärger muss raus und lässt sich zunächst nicht in ruhige Bahnen lenken.

Kinder (und auch einige Erwachsene) müssen erst lernen, ihrem Ärger sozialverträglich Ausdruck zu verleihen. Sie müssen lernen, den Ausdruck dieser so „heißen" Emotion zu kontrollieren, denn nicht jede Situation, nicht jedes Gegenüber erlaubt den gleichen Ausdruck von Ärger.

Meinen Spielkameraden kann ich eventuell beschimpfen, meine Erzieherin im Kindergarten oder meine Grundschullehrerin schon weniger.

Andererseits sind Kinder, die ihrem Ärger häufig aggressiv Ausdruck verleihen, wenig gesuchte Spielpartner.

Ärger ist also ein aus dem Alltag höchst vertrautes Gefühl. Doch das erklärt noch nicht die Frage, was Ärger denn nun eigentlich ist. Dieser Frage soll im Folgenden nachgegangen werden.

Zwischen Wunsch und Wirklichkeit – wenn es nicht so geht, wie man will

Zwei Geschichten zum ganz normalen, alltäglichen Ärger:

Hohe Erwartungen – und dann kommt es ganz anders. Wer kennt diese Situation nicht?

Lena soll sich beeilen; es ist mal wieder später geworden als geplant, und die Kleine muss noch rasch zum Kindergarten gebracht werden. Da Lena mit ihren drei Jahren stolz darauf ist, sich ganz allein anziehen zu können und die Förderung dieser Selbstständigkeit ein wichtiges erzieherisches Gut darstellt, wird Lena also mehrfach aufgefordert sich anzuziehen, schließlich müsse man in wenigen Minuten aufbrechen. Lena wählt ihre Lieblingskleiderstücke, deren farbliche Kombination die Schmerzgrenze streift. Sie wählt dabei nicht nur quälend langsam, sie wählt auch objektiv betrachtet falsch, denn leider sind der dünne rote Sommerrock und das orangefarbene T-Shirt bei Temperaturen um die Nullgradgrenze so gar nicht geeignet. Die geforderte Korrektur ihrer Kleidungswahl beantwortet Lena mit einem heftigen Wutanfall.

Endlich Wochenende. Die Woche war anstrengend, und der Wunsch nach Ruhe und Erholung ist nur zu verständlich. Ein bisschen ausschlafen, in Ruhe einkaufen und überhaupt alles eine Spur langsamer, ruhiger und erholsamer angehen, denn schließlich ist die Familie nun endlich zusammen. Max, sechs Jahre, und Johanna, dreieinhalb Jahre, wachen dennoch recht früh auf – mit Ausschlafen war also wieder nichts. Nach dem gemeinsamen Knuddeln im großen Bett und dem Frühstück, das die Kinder leider schon nach zehn Minuten beenden, wollen die Kinder beschäftigt werden. Obwohl alles doch so nett sein könnte, fangen die beiden im Laufe des Tages immer wieder Streit miteinander an. Es geht dabei recht heftig zu, Tränen fließen. Nach zunächst erfolgreicher Intervention der nun schon leicht

12

angespannten Eltern spielen beide eine Zeit lang mit ihren Spielsachen. Max baut und konstruiert mit Legosteinen eine recht komplizierte Ritterburg. Als er kurz den Raum verlässt, nutzt Johanna die Gelegenheit, um ihre architektonischen Vorstellungen einer Burg zu verwirklichen. Wutentbrannt stürzt sich Max auf seine Schwester, die mittlerweile zornigen Eltern trennen beide, an ein Ausspannen ist so natürlich nicht zu denken.

Verschiedene Wissenschaftler haben sich mit der Frage beschäftigt, welche Merkmale Ärger auslösende Situationen auszeichnen. Fasst man die verschiedenen Ansätze zusammen, so ergibt sich folgendes Bild.

Ein Geschehen kann dann Ärger auslösen, wenn:
- eine geplante Handlung blockiert wird und es daher zu Frustrationen kommt,
- ein Bedürfnis oder ein Wunsch nicht erfüllt wird bzw. eine Handlung diesem Bedürfnis entgegen gerichtet ist,
- eine Person provoziert, belästigt oder geschädigt wird,
- eine Ungerechtigkeit wahrgenommen wird,
- das Selbstwertgefühl durch das Reden und/oder Handeln des anderen beeinträchtigt wird.

Frustration macht sich in Ärger Luft

Lenas Ärger über die deutliche Kritik an ihrer Kleiderwahl wird vor diesem Hintergrund verständlich. Betrachtet man den ersten Aspekt, so kann Lenas Verhalten als Folge ihrer Frustration verstanden werden.

Kinder sind oft bodenlos enttäuscht – und wütend –, wenn ihre Wünsche durchkreuzt werden.

Die Überlegung, dass Aggression in engem Zusammenhang zu Frustration steht, wird später noch weiter ausgeführt (siehe Seite 17). Hier nur so viel: Unter Frustration wird in der Psychologie die Blockierung zielführenden Verhaltens verstanden. Lenas Ziel bestand nun offenbar darin, ihre Lieblingskleidung im Kindergarten zu tragen. Vermutlich verband sich gerade mit dieser Kleidung ihre Vorstellung, besonders schön angezogen zu sein. Dieser Plan wurde nun aus für sie nicht nachvollziehbaren Gründen gestört. Ihre Verärgerung darüber war offenbar.

Ihr Wunsch blieb also unberücksichtigt, ja die Wuscherfüllung, die doch schon so nah war, wurde konkret behindert – eine aus ihrer Sicht himmelschreiende Ungerechtigkeit. Denn ihr war die Wahl ihrer Lieblingskleidung sehr wichtig, und die Kritik des eigenen Geschmacks kann durchaus selbstwertverletzend sein.

Da der Ärger über das morgendliche Anziehen recht weit verbreitet ist, sei an dieser Stelle ein kleiner Tipp gestattet:

Die Aufforderung „Zieh dich endlich an" stellt angesichts voller Kleiderschränke für die meisten Kinder zwischen drei und sechs Jahren eine radikale Überforderung dar. Zu viele Komponenten sind zu bedenken, möglicher Ärger daher vorprogrammiert. Erleichtern Sie Ihrem Kind die Wahl; legen Sie zwei Kleidungsalternativen, eventuell schon am Abend vorher, heraus, und bieten Sie nur diese beiden Möglichkeiten an: „Möchtest du dies oder jenes anziehen?"

Wenn unterschiedliche Erwartungen aufeinander prallen
Ähnlich, doch ungleich verwickelter, ist die Situation in der zweiten Ärgergeschichte. Hier prallen viele verschiedene Erwartungen, Wünsche und Bedürfnisse aufeinander, die nicht vollständig miteinander in Einklang zu bringen sind. Der elterliche Wunsch nach Ruhe und Entspannung deckt sich oft nicht mit den kindlichen Bedürfnissen nach Spiel und Spaß.

Während die Eltern sich nichts sehnlicher wünschen, als endlich mal ausschlafen zu können, Zeit füreinander zu haben oder auch einfach nur in Ruhe Zeitung zu lesen, steht für Max und Johanna die Freude darüber im Vordergrund, dass

endlich beide Eltern da sind. Endlich mal Zeit zum ausgiebigen Spiel, zum Toben und Kuscheln; da heißt es früh aufstehen, damit man nichts verpasst.

Bei so vielen unterschiedlichen Erwartungen ist die Enttäuschung nahezu unvermeidlich.

Auch in dieser Geschichte resultiert der Ärger aus den Handlungen anderer, die der Erfüllung der jeweils eigenen Wünsche entgegengesetzt sind. Die körperliche und/oder verbale Aggression, die Schädigung der anderen Person, ist dann oft das Ergebnis einer Ansammlung von kleinen und großen Ärgernissen.

Auch an dieser Stelle sei ein kleiner Tipp erlaubt:

So sehr die Freiheiten des Wochenendes ersehnt sind, so sehr fordern sie auch Gestaltung. Besprechen Sie am besten *vor Beginn* des Wochenendes die unterschiedlichen Hoffnungen und Erwartungen. Planen Sie gemeinsam und konkret, was Sie am Wochenende unternehmen wollen. Welcher Wunsch, welche Erwartung kann wie verwirklicht werden, und was geht nicht?

Aus dem bisher Dargestellten wird bereits deutlich:

> Ärger entsteht immer dann, wenn wir uns daran gehindert fühlen, ein selbst gesetztes Ziel zu erreichen.

Ziele und Normen

Dabei spielt es keine entscheidende Rolle, wie realistisch oder unrealistisch die Zielsetzung war. Wichtig ist vielmehr, dass uns die Erreichung des Ziels etwas bedeutet hätte. Wenn das Ziel aber nicht von so großer Bedeutung für uns ist, warum sollten wir uns dann ärgern, wenn wir es nicht erreichen?

Neben der konkreten Zielsetzung spielt die Verletzung persönlicher Normen eine große Rolle beim Ärgern. Wenn ich davon ausgehe, dass mein Gegenüber genau weiß, dass ich

Jeder Mensch hat seine persönliche „Ärgerschwelle" – was den einen nervt, lässt den anderen vielleicht völlig kalt.

es nicht leiden kann, wenn mit dem Essen gematscht wird, dann werde ich bei diesbezüglichen Normverstößen natürlich schneller ärgerlich. Vertrete ich in Bezug auf die Tischmanieren meiner Kleinen eine eher lässigere Haltung und bewerte das Rühren und Patschen eher als kindlichen Forscherdrang, so werde ich mich kaum über dieses Verhalten ärgern.

Versteht man unter Norm den Anspruch, dass *etwas* in einer bestimmten Art und Weise *sein sollte*, so lässt sich generell festhalten: „Der vielleicht kleinste gemeinsame Nenner Ärger auslösender Situationen bleibt die Ist-Soll-Diskrepanz, die grundlegende Wahrnehmung ‚Etwas ist nicht so, wie es sein sollte‘." (Weber, 1994, S. 143)

Worüber man sich alles ärgern kann

Ärger kann durch die Handlungsweise anderer Menschen, aber auch durch „widerspenstige" Objekte ausgelöst werden.

Von der eben zitierten Emotionspsychologin Hannelore Weber stammt ein Ordnungsschema zu Ärger auslösenden Situationen. Gegenstand dieses Schemas sind dabei Ärgernisse, die durch einen anderen Menschen verursacht werden.

Leider bleibt in diesem Schema der Ärger über Gegenstände, Objekte, unberücksichtigt, obwohl dieser nicht weniger häufig oder intensiv ist: der Wutausbruch, die Tränen angesichts eines nicht gelingen wollenden Bildes, eines Schnürsenkels, der sich nicht binden lassen will; unser Ärger, wenn der Computer abstürzt, gerade dann, wenn wir den Text noch nicht gespeichert haben – die Beispielliste für Objektärger ließe sich mühelos fortsetzen. Gerade für die Kleinen sind die Frustrationen angesichts widerspenstiger Objekte, die sich ihren Wünschen nicht beugen mögen, ein ständiger Wegbegleiter. Die Tücke liegt dabei oft im Objekt, dessen Handhabung schwieriger ist als gedacht.

Hannelore Weber schlägt ein nach den Komponenten Frustrationen, Angriffe, Regelverstöße und Ärgernisse gegliedertes Schema vor.

Danach ergibt sich folgende Übersicht:

Ärger entsteht durch

- *Frustrationen*

  Der andere leistet aktiven oder passiven Widerstand.

  Der andere stört aktiv oder passiv.

  Der andere verweigert oder entzieht Belohnungen.

- *Angriffe*

  Der andere greift mich an oder schädigt meinen Besitz.

  Der andere verletzt meinen Selbstwert, meinen Stolz, meine Würde.

  Der andere verletzt oder beschneidet meine Autonomie.

  Der andere überschreitet bewusst die Grenzen meiner Privatsphäre.

- *Regelverstöße*

  Der andere verletzt allgemeine Regeln, Sitten, Werte.

  Der andere verletzt beziehungsspezifische Abmachungen.

  Der andere verletzt meine persönlichen Regeln.

- *Ärgernisse*

  Hierzu zählen äußere Merkmale, Eigenschaften, Gewohnheiten des anderen.

  Der andere ist Quelle aversiver, das heißt schädigender, Reize (zum Beispiel Lärm).

Vielleicht versuchen Sie einmal, die Situationen und Ereignisse, die Sie ärgern oder über die Ihr Kind in Wut gerät, obigen Kategorien zuzuordnen. Gibt es bei Ihren Zuordnungen zu den einzelnen Bereichen Wiederholungen, tauchen einige Aspekte immer wieder auf? Vielleicht entdecken Sie, dass Sie besonders leicht in Harnisch geraten, wenn Ihre persönli-

chen Regeln verletzt werden; Ihr Kind dagegen wird unter Umständen besonders leicht wütend, wenn es das Gefühl hat, seine Autonomie würde eingeschränkt.

Wenn persönliche Regeln verletzt werden

Persönliche Regeln umfassen Werte und Normen, deren Einhaltung dem Einzelnen persönlich wichtig ist. Dies kann alles Mögliche sein. Zum Beispiel: die Pünktlichkeit bei Verabredungen, das Zuschrauben von Zahnpastatuben, die Einhaltung einer bestimmten individuellen Ordnung bei der Unterbringung von Kleidungsstücken, die Möglichkeit, im Gespräch Sätze zu Ende sprechen zu können, der Wunsch, bei Betreten des Zimmers möge angeklopft werden, das spezifische Ordnungssystem bei den Legosteinen usw. Interessant dabei ist, dass Babys schon ab dem fünften bis siebten Lebensmonat die Emotionen Wut und Ärger im Hinblick auf die Störung ihres Wohlbefindens verspüren.

Die kleine Marie, sechs Monate alt, liebt es, nach einem ausgiebigen Schläfchen in ihrem Bett zu liegen und vor sich hin zu plappern, mit ihrer Schmusepuppe Henriette zu spielen oder noch ein bisschen zu nuckeln. Wie ärgerlich, wenn die Mutter zu früh ins Zimmer stürzt und sie aus ihrem Bettchen nimmt.

Persönliche Regeln sind individuell von großer Bedeutung, für andere aber möglicherweise völlig nebensächlich.

Tipp

Versuchen Sie sich zunächst klarzumachen, welche Regeln Ihnen wichtig sind. Versuchen Sie auch herauszufinden, welche persönlichen Regeln Ihr Kind hat. Vielleicht ist Ihr Kind noch zu klein, um eigene Regeln klar machen zu können, und dennoch kennen Sie Ihr Kind wahrscheinlich gut genug, um zu wissen, was es ärgert und wo es persönliche Werte überschritten sieht. Entdecken Sie solche persönlichen oder beziehungsspezifischen Regeln, dann zögern Sie nicht, diese deutlich zu formulieren. Woher soll man denn auch wissen, dass man Regelverstöße begeht, wenn man die Regeln nicht kennt?

Die Verletzung persönlicher Autonomie

Ab dem zweiten Lebensjahr ist für Kinder die Entdeckung des Ich, die Erfahrung sich langsam, aber stetig entwickelnder Selbstständigkeit von großer Bedeutung. Dem Babyalter mit seinen großen Abhängigkeiten langsam entwachsen, mühen sich die Kleinen nun, die Bereiche ihrer Autonomie auszudehnen und zu entfalten. Dies gelingt nicht ohne Komplikationen. Oft entsprechen die tatsächlich ausgebildeten Fähigkeiten des Kindes noch nicht seinen Wünschen nach Selbstständigkeit.

Genauso oft stehen die Autonomiebestrebungen jedoch auch im Widerstreit mit der Realität. Da die Kinder noch nicht in der Lage sind, die Konsequenzen ihres Tuns zu überblicken, ist es die Aufgabe der Erziehenden, Schaden von ihnen abzuwenden und ihnen eine gedeihliche Entwicklung zu ermöglichen. Da ist es dann nun mal nicht möglich, den Drang nach Bewegung auf einer befahrenen Straße auszuleben. Dem Wunsch, jetzt sofort ein Eis essen zu wollen, kann nicht immer stattgegeben werden. Dem kindlichen „Ich will aber" muss dann oft ein „Nein, es geht nicht" entgegengesetzt werden.

Ärger – eine „heiße" Emotion

Redewendungen zur Emotion Ärger sind zahlreich, was angesichts der Häufigkeit und der Heftigkeit dieses Gefühls nicht verwundert:

Ärger kann sich bisweilen in überaus heftigen Reaktionen äußern.

„Ich hätte vor Wut platzen können."
„Sie schäumte vor Wut."
„Vor Wut sprühten seine Augen Funken."
„Er ging fast an die Decke vor lauter Wut."

Gemeinsam ist diesen Wendungen, dass sie einen Zustand starker Erregung charakterisieren, einer Erregung, die am ganzen Körper, in Mimik, Gestik und in der Sprache deutlich wird. Viele Metaphern benutzen dabei Begriffe, die aus den Themenfeldern Hitze und/oder Druck kommen.

In den 70er-Jahren nutzte die Werbung diese Assoziationen; das berühmte HB-Männchen ging in diesen Werbespots regelmäßig vor lauter Ärger in die Luft. Sein Gesicht war dann meist Zornes rot, die Bewegungen zum Teil so heftig, dass es Dinge in der Luft hätte zerfetzen können. Die Worte, die das HB-Männchen in seinem Ärger ausstieß, waren nie zu verstehen, aber seiner Stimme war der Ärger deutlich anzuhören, denn nicht nur das Sprechtempo war stark erhöht, seine Stimme klang auch laut, harsch und zum Teil erschreckend hoch.

Auch uns können vor lauter Ärger schon einmal die Worte im Halse stecken bleiben; es ist uns aber ebenso vertraut, dass wir Gift und Galle spucken könnten, um der Wut im Bauch Ausdruck zu verleihen. Kinder wirft der Ärger bisweilen zu Boden, manche beißen vor Wut sich, ihre Lieben oder Gegenstände.

Wie der Körper reagiert

Unsere umgangssprachlichen Wendungen zur Beschreibung der Emotion „Ärger" legen es bereits nahe, dass dieses Gefühl mit deutlichen Veränderungen im Herz-Kreislaufbereich einhergeht. Der kardiovaskuläre Bereich wird durch das autonome Nervensystem reguliert, das eine Art innerbetriebliches Informationssystem für alle körpereigenen Prozesse darstellt. Es reguliert die lebenswichtigen Funktionen der Atmung, des Kreislaufs, der Körpertemperatur, des Stoffwechsels usw. Funktionen des autonomen Nervensystems sind nur zum Teil durch uns selbst, durch unseren Willen beeinflussbar.

Der sich ärgernde Mensch befindet sich in einer Stress-Situation.

Das pochende Herz, die schnelle, flache Atmung kann zwar in geringem Umfang durch entsprechendes Training beeinflusst werden, vollständig kontrollieren können wir sie jedoch nicht. Führt man sich nun das Bild eines wütenden Menschen vor Augen, so wird deutlich, dass verschiedene Bereiche, die der Steuerung durch das autonome Nervensystem unterliegen, von dieser Emotion betroffen sind.

Der Blutdruck des sich ärgernden Menschen ist deutlich erhöht, sein Gesicht gerötet, seine Atmung beschleunigt, die Muskeln angespannt.

Wissenschaftler gehen davon aus, dass die Ausschüttung von Hormonen wie Adrenalin, Noradrenalin, Cortisol und Testosteron während des Ärgers erhöht ist. Diese Hormone werden immer dann vermehrt ausgeschüttet, wenn eine Situation erhöhte Aufmerksamkeit, vermehrte Energiezufuhr und besondere Alarmbereitschaft verlangt.

Physiologisch gesehen befindet sich der sich ärgernde Mensch gewissermaßen in einer Art Kampfbereitschaft.

Bei dieser Flut an physiologischen Veränderungen scheint es nicht verwunderlich, dass Ärger als „heiße" Emotion bezeichnet wird, als ein Gefühl, das einen mit sich reißen kann, ein Gefühl, das zu kontrollieren durchaus schwer fallen kann. Und es stellt sich in diesem Zusammenhang die Frage, wo sich die Emotionen Ärger, Wut und Zorn voneinander abgrenzen. Handelt es sich dabei um dieselben Gefühle oder um unterschiedliche Intensitäten des Ärgerempfindens?

Ärger, Wut und Zorn – alles dasselbe?

Ärger kann sich zu Wut und Zorn steigern.

Die Gefühle Ärger, Wut und Zorn sind Facetten, gleichsam emotionale Färbungen eines sich ähnelnden Geschehens. Im Alltag spricht man meist vom Ärger des Erwachsenen und von der Wut oder dem Zorn eines Kindes. Doch diese Unterscheidung ist so nicht zutreffend, denn im Grunde liegen allen diesen Empfindungen ähnliche Ursachen zugrunde. In der psychologischen Literatur lassen sich zu diesem Thema keine klaren Begriffsdefinitionen und Abgrenzungen finden; dennoch sei an dieser Stelle der Versuch unternommen, diese Emotionen ein wenig voneinander abzugrenzen.

Mit *Ärger* bezeichnen wir im Allgemeinen das Gefühl, das entsteht, wenn sich unserem geplanten Handeln ein Hindernis in den Weg stellt, wenn wir unser Ziel nicht erreichen können. Diese Frustration ist der Auslöser für das Empfinden von Ärger. Die Schuld an diesem Geschehen wird dabei meist einem anderen zugeschrieben, sei dies eine andere Person oder ein widerspenstiges Objekt, etwa das Handy, das gerade dann nicht mehr geladen ist, wenn wir dringend telefonieren müssen, oder der Bus, der uns nach unserem Sprint doch noch vor der Nase wegfährt.

Ähnliches geschieht auch, wenn wir *Wut* empfinden; im Unterschied zum Ärger scheint bei der Wut jedoch die affektive Erregung stärker zu sein. Wenn wir wütend sind, so reißt uns dieses Gefühl förmlich mit sich. Rationale Überlegungen sind dann nur noch sehr schwer möglich. Verschiedene Psychologen gehen davon aus, dass bei der Wut der Wille zum Gegenschlag im Vordergrund steht.

Auch das Strafgesetzbuch berücksichtigt die elementare Wucht dieser Emotion. Mildernde Umstände werden selbst bei Tötungsdelikten dann eingeräumt, wenn der Täter gereizt wurde und er gewissermaßen durch seine Emotionen zur Tat mitgerissen wurde. §213 des StGB spricht dann von mildernden Umständen, wenn der Täter „zu Zorn gereizt und dadurch zur Tat hingerissen" wurde.

Versucht man weiterhin zwischen Wut und Zorn zu differenzieren, so geht man in der Psychologie davon aus, dass hinter dem *Zorn* stärker der Aspekt der moralischen Entrüstung steht. Zornig ist man dann, wenn man empört ist über die Verletzung von individuell wertvollen Normen.

Der Zusammenhang zwischen Ärger, Wut und Zorn lässt sich in eine Kurzformel gefasst folgendermaßen darstellen:

> Wut und Zorn sind ohne Ärger nicht vorstellbar, aber nicht jeder Ärger führt zu Wut oder Zorn.

Wenn Ärger nun zu solchen Ausbrüchen, wie sie Wut und Zorn darstellen können, führen kann, erhebt sich geradezu die Frage, inwieweit Ärger überhaupt zu kontrollieren ist, zumal er ja auch kaum beeinflussbare körperliche Reaktionen mit sich bringt (siehe Seite 21 f.).

Lässt sich Ärger regulieren?

Im Alltag gibt es immer wieder Situationen, in denen man seinen Ärger unterdrücken muss.

Die Alltagserfahrung zeigt, dass eine Einflussnahme auf den Ärger durchaus möglich ist.

Jeder kennt Situationen, in denen es nicht möglich war, dem eigenen Gefühl direkt Ausdruck zu verleihen, sei es, weil die Umstände es nicht erlaubten, sei es, weil die Gefühle der Beteiligten nicht verletzt werden sollten, sei es, dass man nicht wollte, dass andere die eigenen, wahren Gefühle erfahren.

Maskieren wir denn nicht alle manchmal unsere wahren Gefühle?

Sie kennen diese Situation sicherlich: Strahlend bekommen Sie von Ihren Lieben ein Geschenk überreicht, das leider so gar nicht Ihrem Geschmack und Ihren Wünschen entspricht. In der Regel werden Sie geneigt sein, Ihre wahren Gefühle zu verbergen. Sie werden Ihrem Gefühl der Enttäuschung, vielleicht des Ärgers, nicht Luft machen.

Theoretisch und praktisch gibt es also verschiedene Möglichkeiten, den Ärger zu regulieren.

Wir können, wie schon dargelegt, den Ärger maskieren. Wir können ihn aber auch verkleinern. In der Regel verharmlosen wir dann das Geschehene, relativieren es, geben ihm eine andere Bedeutung. Der Ärger über das Chaos im Kinderzimmer wird meist kleiner, wenn man die Freude der Kleinen beim Spiel beobachtet, wenn man sich klar macht, dass sie doch noch so klein sind, und dass Ordnunghalten nicht das Wichtigste im Leben ist.

Erlaubt es die Situation nicht, dem eigenen Ärger Ausdruck zu verleihen, etwa weil man sich vor den anderen keine Blöße geben will, so gelingt es auch, das Ärgergefühl zu neutralisieren. Das „Pokergesicht" verhindert nicht nur beim Kartenspiel, dass die wahren Gefühle offenbar werden – cool bleiben heißt manchmal die Devise.

24

Ärgerempfindung und Ärgerausdruck

Zentral zum Verständnis der angesprochenen Regulations-
prozesse bei Wut und Ärger ist die Differenzierung zwischen
Ärgerempfindung und Ärgerausdruck.

Schon Kinder sind in der Lage, zwischen Ärgerempfinden und Ärgerausdruck zu unterscheiden.

Auch Kinder sind in der Lage, zwischen Ärgerempfindung
und Ärgerausdruck zu unterscheiden und die Intensität des
empfundenen Ärgers im Ausdruck abzuschwächen. In einer
interessanten Studie wurde die Fähigkeit zur Maskierung der
Gefühle bei sechs- bis zehnjährigen Kindern untersucht. Diese bekamen für eine kleine Aufgabe beim ersten Mal ein recht
attraktives Geschenk, beim zweiten Mal jedoch eine vollkommen unattraktive Belohnung. Mit Recht waren die Kinder also beim zweiten Durchgang enttäuscht und verärgert.
Im Zentrum der Beobachtung stand nun die Frage, inwieweit
die Kinder diese Gefühle zeigen oder verbergen würden. Die
Ergebnisse der Studie belegen, dass ältere Kinder (insbesondere Mädchen) ihre Gefühle stärker in Richtung eines
positiven Gesichtsausdrucks maskieren und jüngere Kinder
(insbesondere Jungen) eher geneigt waren, ihre Enttäuschung
in entsprechendem Verhalten zu zeigen.

Im Widerstreit zwischen der Enttäuschung und der Verärgerung auf der einen Seite und der Regel „Sei freundlich und
lächle, wenn du ein Geschenk bekommst. von dem der Schen-
kende hofft, dass du es magst, auch wenn das nicht der Fall
ist", obsiegt bei den älteren Kindern immer häufiger die Fähigkeit, eigene Gefühle im Ausdruck zu regulieren.

Zusammenfassend bedeutet dies:

> Wann, worüber und warum wir uns ärgern ist nur die
> eine Seite des Geschehens; wie wir dem Ärger Ausdruck
> verleihen ist eine ganz andere Frage.

Die unterschiedlichen Theorien dazu, wann und wie wir warum Ärger empfinden, werden im Folgenden dargestellt. In Bezug auf den Ärgerausdruck bleibt aber schon jetzt festzuhalten, dass der Ärger empfindenden Person eine Reihe von Ärgerausdrucksmöglichkeiten zur Verfügung stehen, aus der sie je nach Situation, nach Intensität des Gefühls und nach persönlicher Kompetenz ihr Verhalten auswählt.

Ziel des pädagogischen Handelns muss es demnach sein, Kindern eine Vielzahl von Möglichkeiten zu zeigen, wie sie ihrem Ärger Luft machen können, und ihre Fähigkeit zu stärken, dies in einer Art und Weise zu tun, die andere nicht verletzt, beleidigt oder diskriminiert.

Ein Blick in die Emotionspsychologie

Aus emotionspsychologischer Sicht sind Gefühle Konstrukte, die grundsätzlich aus fünf verschiedenen Komponenten bestehen:
* einer physiologischen,
* einer expressiven,
* einer motivational/aktionalen,
* einer subjektiv-erlebnisbezogenen,
* einer kognitiven Komponente.

Diese Komponenten spielen bei der Wut als sehr intensivem Gefühl natürlich eine wichtige Rolle.

Die körperlichen Veränderungen beim Ärgern wurden bereits dargestellt (siehe Seite 21 f.). Wenn Sie versuchen, Ihre Körperempfindungen bei Wut und Ärger zu beschreiben, bemerken Sie vielleicht, dass Sie in der Regel einen Zustand heftiger Erregung beobachten. Wahrscheinlich klopft Ihr Herz schneller als gewöhnlich, vielleicht ballen sich unwillkürlich Ihre Hände zu Fäusten, Ihr Gesicht fühlt sich bisweilen heiß und gerötet an. Sie atmen heftiger, Ihre Sprache ist schneller, harscher; die Stimme ist schriller als gewöhnlich. Dies alles sind Folgen physiologischer Veränderungen, wie sie für die Emotion Ärger/Wut typisch sind.

Die expressive Komponente

Einige Wissenschaftler gehen davon aus, dass es zu jedem Gefühl eine angeborene emotionsspezifische Mimik gibt. Der Ärger sei in Bezug auf den Gesichtsausdruck durch folgende Mimik gekennzeichnet:

- nach unten gezogene und dabei zusammengezogene Augenbrauen,
- vertikale Linie zwischen den Brauen („Zornesfalte"),
- angespanntes Unterlid und Oberlid,
- stechender Blick der Augen, die auch leicht hervortreten können,
- die Lippen sind entweder fest zusammengepresst oder der Mund steht offen, in eckiger Form wie zum Schreien geöffnet,
- die Nasenflügel können geweitet sein.

Jedes Gefühl hat seine spezielle Mimik – umstritten ist allerdings, ob diese angeboren oder erlernt ist.

Laut dieser Wissenschaftler ist diese Mimik kulturübergreifend gleich und daher sei jeder Mensch in der Lage, die Emotion „Ärger" bei Menschen unterschiedlichster Kulturkreise am Gesichtsausdruck ablesen zu können. Diese These blieb allerdings nicht unwidersprochen, denn offenbar gibt es in unterschiedlichen Kulturen auch unterschiedliche Regeln, wer wann wem gegenüber auf welche Weise seine Gefühle zeigen darf. Diese Regeln beziehen sich natürlich auch auf die Mimik und natürlich erst recht auf die Gestik.

Dazu eine kleine Anekdote, die Carol Tavris in ihrem Buch „Wut – das missverstandene Gefühl" schildert:

„Es war in einem Englisch-Grundkurs für ausländische Studenten. Ein arabischer Student beschrieb in einer mündlichen Übung eine Tradition seines Heimatlandes. Er sagte etwas, das einen japanischen Studenten in der ersten Reihe in Verlegenheit brachte, und dieser reagierte so, wie es sich in Japan gehört: Er lächelte. Der Araber sah das Lächeln und fragte, was denn an den arabischen Sitten so lustig wäre. Der Japaner, der nun zusätzlich zu seiner Verlegenheit öffentlich gedemütigt worden war, konnte nur mit einem Lächeln antworten, und zu seinem Unglück kicherte er auch noch, um seine Scham zu verbergen. Bevor der Lehrer eingreifen konnte, schlug der Araber, der sich nun auch beschämt fühlte, wütend auf den japanischen Studenten ein. Beide Studenten hatten pflichtgetreu die Regeln ihrer Kultur befolgt. Keiner von beiden konnte sich natürlich vorstellen, dass seine Regeln vielleicht keine Allgemeingültigkeit besaßen. "
(Tavris, 1995, S. 63; Originaltitel: Anger – the misunderstood emotion © fritzagency)

Dieses Beispiel belegt, dass jeder Mensch offenbar im Laufe seiner Kindheit Regeln erlernt, welcher Gefühlsausdruck wann, wie, wem gegenüber möglich ist.
Da diese Regeln zum Ausdruck der Gefühle im kulturellen Vergleich auch durchaus unterschiedlich sein können, kann es bisweilen zu Missverständnissen wie dem oben geschilderten kommen.

Die motivational-aktionale Komponente
Einige Wissenschaftler, die sich mit Emotionen unter dem Aspekt der Evolutionsgeschichte des Menschen beschäftigen,

vertreten die These, dass Gefühle zu Reaktionsprogrammen gehören, die der Anpassung an die Umwelt und dem Überleben der Spezies dienen sollen.

Ein solches Reaktionsprogramm setzt sich zusammen aus einem Reiz, der entsprechenden Kognition, das heißt dem Erkennen der Emotion, und der dazugehörigen Reaktion. Zu jedem Gefühl, so die Theorie, gehören demnach entsprechende Handlungsimpulse, spezifische Verhaltensweisen.

Für den Ärger, der ja hervorgerufen wurde, weil ein Hindernis der Erfüllung eigener Wünsche, Bedürfnisse und Erwartungen im Wege stand, bedeutet dies: Ärger ist der Beweggrund, das Motiv, eine Handlung auszuführen, deren Ziel es ist, das Ärger auslösende Hindernis aus dem Weg zu räumen und Störungen zu beseitigen. Damit bekommt Ärger eine durchaus sinnvolle Funktion, da dem sich Ärgernden gewissermaßen Energien erwachsen, die ihn befähigen, dem Ärger auslösenden Übel entgegenzutreten. Hier findet sich ein enger Zusammenhang mit der bereits dargelegten physiologischen Seite des Ärgers, mit dem Zustand der Kampfbereitschaft, den der sich Ärgernde erlebt und ausstrahlt.

Ärger veranlasst uns, die Situation, die Unbehagen verursacht, zu verändern.

Allerdings greift die Analyse der Bedeutung der Emotionen allein unter evolutionsspezifischer Perspektive zu kurz. Denn Ärger hat nicht nur seine Bedeutung als Überbleibsel entwicklungsgeschichtlicher Prozesse. Aus soziologischem Blickwinkel ist Ärger/Wut auch immer ein Signal, eine Informationsquelle für Störungen im zwischenmenschlichen Bereich. Der Nutzen des „Wütend-werden-Könnens", des „Sich-ärgern-Könnens" liegt gerade darin, aufmerksam zu machen auf Geschehnisse, Handlungen, Erlebnisse, die nicht so sind, wie sie sein sollen. Für unsere Beziehungen ist dies eine überaus nützliche Information, gibt sie uns doch die Möglichkeit, diese Störungen im Beziehungsgeflecht anzusprechen und auf Missstände aufmerksam zu werden.

Die subjektiv-erlebnisbezogene Komponente

Ärger geht mit hoher Impulsivität und Anspannung einher.

Mit diesem Bestandteil des Konstrukts „Emotion" ist der Teil unserer Gefühlswelt gemeint, den wir im Allgemeinen mit Emotionen in Verbindung bringen. Die subjektiv-erlebnisbezogene Komponente der Emotionen beschreibt das Spezifische dessen, was wir fühlen, sie beschreibt die Gefühlsseite der Emotion.

Aber wie fühlt sich Ärger eigentlich an?

Jeder kann Ärger von Freude und Trauer unterscheiden, aber was macht den Unterschied aus?

In Forschungen, die sich mit dieser Seite der Emotion „Ärger" befassen, geht es also darum herauszufinden, was die spezifische Qualität des Gefühls „Ärger" im Unterschied zu anderen Gefühlen ausmacht.

Um dies herauszufinden, haben Wissenschaftler Versuchspersonen gebeten, emotionale Episoden hinsichtlich der Ausprägung der darin geschilderten Gefühle auf den Dimensionen

Impulsivität	hoch ———	mittel ———	niedrig
Aktiviertheit	hoch ———	mittel ———	niedrig
Anspannung	hoch ———	mittel ———	niedrig
Bedachtsamkeit	hoch ———	mittel ———	niedrig
Kontrolliertheit	hoch ———	mittel ———	niedrig
Angenehmheit	hoch ———	mittel ———	niedrig

zu beurteilen.

Vielleicht wollen Sie selbst die Intensität dieser Gefühle einmal nachvollziehen? Stellen Sie sich dazu eine Situation vor, in der Sie sich geärgert haben, und versuchen Sie, dieses Gefühl zu beurteilen.

Fühlten Sie sich mehr oder weniger impulsiv, aktiviert, angespannt, bedachtsam, kontrolliert und angenehm berührt?

Die Untersuchung aus den 70er-Jahren zeigte, dass Ärger im Gegensatz zu anderen Gefühlen wie Freude, Interesse, Kummer, Furcht usw. den *höchsten Wert* auf der Dimension „Impulsivität" hatte und *hohe Werte* auf den Analyseaspekten „Aktiviertheit", „Anspannung" und „Bedachtsamkeit". *Niedrige Werte* wurden dagegen auf den Dimensionen „Kontrolliertheit" und „Angenehmheit" gefunden.

So einleuchtend die hohen Werte auf den Skalen der Impulsivität, Aktiviertheit und Anspannung sowie die niedrigen Werte in Bezug auf den Grad der Kontrollierbarkeit und die Beurteilung des Ärgergefühl als angenehm sind, so stutzig macht der hohe Wert auf der Dimension der Bedachtsamkeit. Möglicherweise liegt die Erklärung darin, dass das Ärgerempfinden als unangenehm, wenig kontrollierbar usw. eingestuft wird, der Ärgerausdruck aber nach Möglichkeit mit Bedacht gewählt wird, wenn man sich nicht weiteren Ärger einhandeln will.

Die kognitive Komponente

Es mag verwunderlich erscheinen, dass die Welt des Verstandes einen zentralen Bestandteil der Welt der Gefühle bilden soll, aber die meisten modernen Emotionstheorien gehen davon aus, dass zu jedem Gefühl eine Einschätzung und Bewertung der jeweiligen Situation, der persönlichen Betroffenheit und der vorhandenen Handlungsalternativen sowie möglicher Konsequenzen eigenen Handelns gehören. Manche Wissenschaftler gehen dabei sogar so weit, Gefühle erst als Ergebnis kognitiver Bewertungen zu betrachten. Auch wenn man sich dieser Einschätzung nicht anschließen will, so scheint doch sicher zu sein, dass sich Kognitionen und Emotionen gegenseitig beeinflussen.

Was ist nun konkret mit der Wechselwirkung zwischen Verstand und Gefühl gemeint?

Ob eine Situation Ärger oder Freude auslöst, ist Folge der kognitiven Bewertung.

31

Stellen Sie sich folgende Situation vor:

Sie sind zu Hause und werkeln vor sich hin, als plötzlich jemand von hinten an Sie herantritt, Ihnen die Augen zuhält und Ihnen etwas Stechendes in Ihre erschreckt nach vorn greifenden Hände drückt.

Erst die konkrete Wahrnehmung dessen, was da wirklich geschehen ist – Augen auf, Sie halten einen Rosenstrauß in Händen, Ihr Liebster strahlt Sie an, denn er hat an Ihren Hochzeitstag gedacht – lässt Ihr Herz vor Freude hüpfen und nicht vor Angst rasen.

Nach der ersten Schrecksekunde erfolgt also die Bewertung der Situation und des Geschehenen. Erst die Bewertung ermöglicht die Empfindung der Gefühle Freude oder Angst, Ärger oder Zufriedenheit usw.

Bevor wir die solchermaßen empfundene Emotion ausdrücken können, müssen erneut kognitive Prozesse stattfinden, denn es gilt, aus dem uns zur Verfügung stehenden Handlungsrepertoire das der Intensität des Gefühls, der Situation und dem Gegenüber angemessene Verhalten auszuwählen. In unserem Beispiel ist das vielleicht der Freudejauchzer, die Umarmung, der Kuss usw.

> Ob wir uns ärgern, freuen oder ängstlich werden, hängt von unseren Bewertungen einer Situation ab. Nehmen wir das Geschehen als bedrohlich für uns wahr, als so bedrohlich, dass wir unser Heil am liebsten in der Flucht suchen möchten, so werden wir ängstlich werden. Erscheint uns die Situation weniger bedrohlich, sondern eher hinderlich für das Erreichen unserer Ziele, so werden wir uns ärgern. In Bruchteilen von Sekunden entscheidet unser Verstand darüber, welche Gefühle wir empfinden.

Wie kommt es zum Wutausbruch?

Anlässe, sich zu ärgern, gibt es viele. Doch nicht jedes Mal macht man seinem Unbehagen lauthals Luft. Auch Kinder flippen nicht bei jeder Frustration aus. Ein anderes Mal wiederum scheint schon eine Kleinigkeit einen Wutanfall auszulösen. Wo also liegen die spezifischen Auslöser?

Von der Situation zum Ärgerempfinden

Es ist Sonntagnachmittag, und die Gelegenheit ist günstig, denn Mama hat gerade die Küche geputzt und zieht sich jetzt nur rasch um, denn sie erwartet ihre Kolleginnen zum Kaffeeklatsch. Endlich kann ich mal in Ruhe den Vorratsschrank untersuchen und diese große Vorratsdose mit Milchpulver bearbeiten. Und dann, oh Wonne, es schneit mitten im Mai, und das rieselt auch noch so schön durch die Finger! Da kommt Mama ob meines Jauchzens um die Ecke. Ob sie sich auch so freut?

Welches Gefühl wird die Mutter dieses Kleinen wohl gehabt haben, als sie ihre so säuberlich geputzte Küche kurz vor Eintreffen ihres Besuchs mit Milchpulver bestreut vorfand?

Was entscheidet darüber, ob man sich in dieser Situation freuen kann oder ob man sich ärgert und wütend wird?

In jeder Situation muss das Verhalten des anderen erst einmal auf seine Motivation hin überprüft werden.

Sie ahnen es schon, es ist die im vorhergehenden Kapitel dargestellte kognitive Komponente (siehe Seite 31 f.), die über die Art der Emotion entscheidet. Wir müssen wissen, aus welchem Grunde der andere so und nicht anders gehandelt hat, um dann zu entscheiden, wie wir angemessen darauf reagieren. Doch welche Bewertungen des Verhaltens anderer führen zur Emotion Ärger?

Ein prominenter Vertreter der kognitiven Emotionstheorien, R. S. Lazarus, entwickelte ein Modell, das auf diese Frage Antwort zu geben vermag. Danach entsteht das Gefühl von Ärger nur dann, wenn man das Verhalten eines anderen im Hinblick auf die folgenden drei Fragen bewertet:

• Ist das Verhalten des anderen, das Ereignis für mich wichtig und unvereinbar mit meinen Zielen, Wünschen, Normen?

• Bedroht das Ereignis, das Verhalten des anderen meinen Selbstwert?

34

- Ist der andere an der Situation schuld?

Erst wenn man diese Fragen mit Ja beantwortet, so Lazarus, empfindet man Ärger.

Die Ärgersituation
Versucht man den Ablauf einer typischen Ärgersituation grafisch darzustellen, so ergibt sich aus dem bisher erläuterten Zusammenhang folgendes Teilmodell:

1. Teil des kognitiven Modells der Ärgerentstehung

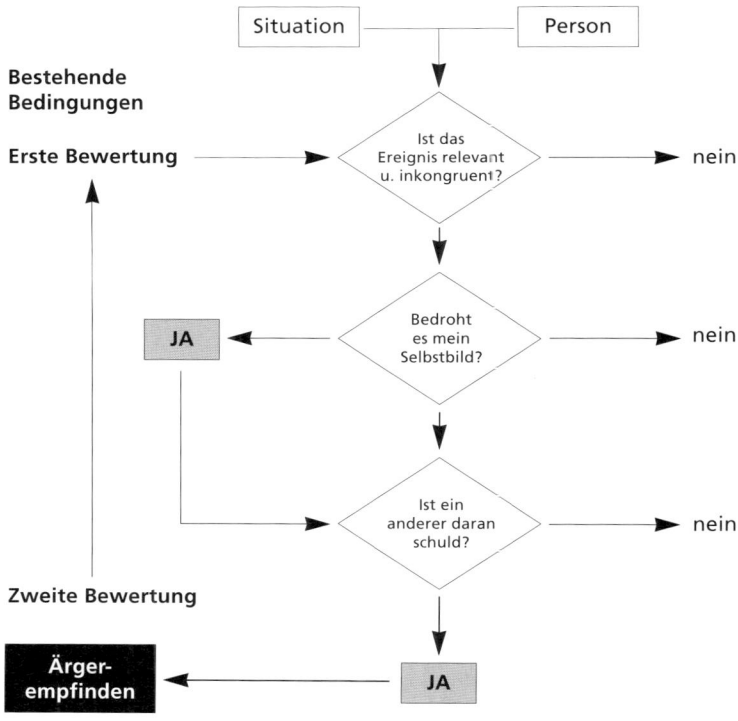

35

Betrachten wir nun das Eingangsbeispiel vor dem Hintergrund dieses Modells.

Wird der Selbstwert durch die Handlung des anderen bedroht?

Ob die Mutter des kleinen Jungen sich ärgern wird oder nicht, hängt entscheidend davon ab, wie sie die Situation bewertet, aber auch davon, was sie in dieser Situation wahrnimmt. Sieht sie vor allem das Strahlen, die Freude ihres Sohnes oder wird im Zentrum ihrer Wahrnehmung die Verunreinigung des Fußbodens stehen? Vielleicht ist sie vor dem bald eintreffenden Besuch der Kolleginnen angespannter als sonst, vielleicht ist es ihr wichtig, sich als perfekte Hausfrau und Mutter eines gut erzogenen Jungen zu erweisen.

Wenn es also ihr Ziel war, dem Besuch eine aufgeräumte, geputzte und glänzende Wohnung vorzuführen, so wird sie dieses Ziel durch die Aktion ihres Kindes behindert sehen. Dann erst wird die Tat des Kleinen bedeutsam, weil unvereinbar mit den Vorstellungen der Mutter; dann erst läuft der Kleine Gefahr, mit seinem Verhalten den Selbstwert der Mutter, ihr Selbstbild zu bedrohen.

Die Schuldfrage ist auch schnell geklärt, denn der „Täter" wird ja noch in flagranti bei seinem Tun ertappt.

Sicherlich wäre es in der gegebenen Situation genauso denkbar, dass die Mutter in schallendes Gelächter ausbricht und freudestrahlend ihrem Besuch einen solch schönen Anblick, ein so glückliches Kind, vorführt.

Vom Ärgerempfinden zum Wutausbruch

Es wurde nun deutlich, warum und wann man in einer Situation Ärger empfindet. Als Nächstes ist zu klären, wie es zum Wutausbruch kommen kann.

Allgemein gilt, dass vor dem Ausdruck des Ärgers zwei weitere Überlegungen stehen:

36

- Welche Möglichkeiten habe ich, meinem Ärger Ausdruck zu verleihen, und welche Bewältigungsstrategien kann ich nutzen?
- Was passiert, wenn ich meinem Ärger in der einen oder anderen Weise Luft mache? Welche Folgen habe ich zu gegenwärtigen, welcher Nutzen, welche Kosten entstehen mir?

In kürzester Zeit werden in einer Ärger auslösenden Situation unbewusst verschiedene Reaktionsalternativen abgewogen.

Als Grafik dargestellt vollzieht sich der weitere Ablauf in einer Ärgersituation folgendermaßen:

2. Teil des kognitiven Modells der Ärgerentstehung

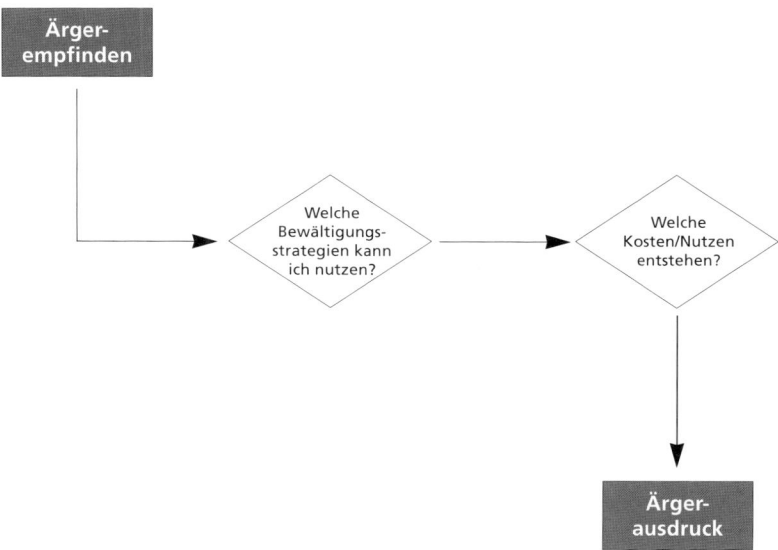

Vielleicht werden Sie einwenden, dass bei Ihnen zwischen Ärger auslösendem Ereignis und Ärgerausdruck so wenig Zeit vergeht, dass Sie unmöglich alle diese Fragen beantwortet haben können. Dennoch werden Sie feststellen, dass Sie Ihrem Ärger gegenüber einem Vorgesetzten anders Ausdruck verleihen als gegenüber einer Freundin, einem Freund, dem Partner oder den Kindern. Offenbar steht in der Regel vor dem Ausdruck des Ärgers doch ein Abwägen der verschiedenen Ausdrucksalternativen unter Berücksichtigung der dazugehörigen Kosten und Nutzen.

Wenn sich der Ärgerausdruck also doch regulieren lässt, wie kann es dann überhaupt zum Wutausbruch als nicht wünschenswerter Reaktion kommen?

Mehrere Möglichkeiten sind hier denkbar:

- Der Wüterich hat nur sehr wenige alternative Ausdrucksmöglichkeiten, das heißt, sein Repertoire an Bewältigungsstrategien ist zu begrenzt, um situationsangemessen und damit effektiv sein zu können.
- Das Ärgerempfinden ist so stark, zum Beispiel, weil die Verletzung des Selbstwertgefühls sehr heftig war, dass der Nutzen der Entlastung durch einen Wutausbruch die Kosten bei weitem übertrifft.
- Der sich Ärgernde besitzt nicht die Fähigkeiten, die Folgen seines Handelns zu bedenken, er lebt ganz im Augenblick und in seiner eigenen Welt. Ein Perspektivwechsel, ein Sich-Versetzen in die Sichtweise der anderen, ist ihm daher ebenso wenig möglich wie ein Antizipieren der Folgen seines Verhaltens.

Wie Kinder Ärger erleben

Alle drei Aspekte spielen gerade bei jüngeren Kindern eine große Rolle. Studien belegen zwar, dass Kinder sehr wohl in der Lage sind, die Folgen des Ärgerausdrucks zu bedenken und so den Ärgerausdruck zu regulieren. Aber jüngere Kin-

der haben damit weitaus größere Schwierigkeiten als ältere, und hier liegt genau das Problem.

Zweijährige sind noch nicht in der Lage zu bilanzieren und die Vor- und Nachteile einer heftigen Gefühläußerung abzuwägen. Sie leben im Augenblick und dies ganz und gar. Werden sie an der Durchführung eines erstrebten Handelns gehindert, zeigt sich ihr Ärger darüber mit elementarer Wucht. Die Möglichkeiten, seinen Ärger dem anderen gegenüber deutlich zu machen, sind bei den Kleinen noch sehr begrenzt; nicht immer gelingt es ihnen daher, ihren Ärger zu regulieren.

Kleine Kinder können noch kaum abwägen und relativieren; sie erleben Ärger mit elementarer Wucht.

Man kann sich die Intensität des Ärgerempfindens und damit die Wucht der emotionalen Belastung eines Kleinkindes vorstellen, wenn man sich Folgendes vergegenwärtigt:

Stellen Sie sich vor, Sie hätten gerade schwimmen gelernt und es würde Ihnen riesigen Spaß machen, im Wasser Ihre Künste zu zeigen. Es ist Sommer, Sie sind am Meer, die Sonne brennt heiß vom Himmel, und Sie stehen in Ihrem Badeoutfit am Strand. Nur wenige Meter trennen Sie von dem ersehnten kühlen Nass.

Sie spüren schon, welches Vergnügen es machen wird, gleich zu schwimmen. Doch kaum machen Sie den ersten Schritt ins Wasser, da sagt Ihnen jemand, dass jetzt Essenszeit sei. Sie haben natürlich überhaupt keinen Hunger, doch zu Ihrem Ärger werden Sie vom Wasser weggebracht und an den Tisch gesetzt. Sie protestieren, doch Ihr Protest wird beiseite gewischt.

Da kann man schon wütend werden!

So ähnlich und weitaus schlimmer ergeht es den Zweijährigen. Stolz auf ihre neu errungenen Fähigkeiten leben sie ganz im Hier und Jetzt. Das Erwachsenenargument „Morgen komme man zum Spielplatz zurück und da könne er/sie dann ganz viel rutschen" zählt für die Kleinen nicht. Es zählt der Augenblick und nur dieser. Da Kinder dieses Alters noch sehr egozentrisch sind, ist es für sie auch nicht einzusehen, warum nun wirklich keine Zeit für die von ihnen begehrte Tätigkeit ist. Sie haben alle Zeit der Welt.

> Das Ziel erzieherischen Wirkens in Bezug auf den Ausdruck von Gefühlen muss es langfristig sein, das Kind zu lehren, dass nicht jede Situation den unregulierten Ausdruck empfundener Gefühle erlaubt oder ratsam sein lässt. Das Kind muss befähigt werden, die Folgen seines Handelns vorab zu erkennen.

Daher ist es wichtig, die Kompetenz des Kindes im Hinblick auf den Ärger zu erhöhen, indem:

- das Kind erfährt, dass nicht jedes Ärgernis eine Bedrohung seines Selbstwerts darstellt, die Intensität des Ärgerempfindens also verringert werden kann;
- das Kind sein Repertoire an Ärgerausdrucksmöglichkeiten erweitert;
- das Kind lernt, die Folgen seines Handelns mitzubedenken.

Die Rolle der Persönlichkeit

Jan gerät in letzter Zeit regelmäßig außer Fassung, wenn er zu Bett geschickt wird. Er wirft sich dann schreiend herum, kratzt und schlägt seinen Vater oder seine Mutter und lässt sich kaum noch beruhigen.

Charlotte hingegen reagiert mit Wutanfällen, wenn ihre Mutter sie daran hindert, die CD-Sammlung zu untersuchen, sie schreit und weint und versucht immer wieder, an die verbotenen CDs zu kommen.

Anna-Lena wird wütend, wenn sie nicht an den Computer darf, an dem ihr Vater oder ihre Mutter arbeiten wollen. Was die können, kann ich doch auch, scheint durch ihren Kopf zu gehen: „Lasst mich doch auch mal ran, bitte!!"

Aus unserer Alltagserfahrung wissen wir, dass es Menschen gibt, die sich schneller ärgern und wütend werden als andere. Manche bringt so schnell nichts aus der Ruhe, andere regen sich über scheinbar Unbedeutendes maßlos auf. Diese unterschiedlich stark ausgeprägte Tendenz zum Ärgern scheint durch eine Vielzahl höchst unterschiedlicher Personenkennzeichen beeinflusst zu sein. Einfluss auf die Ärgerneigung haben neben Personenvariablen wie Alter, Geschlecht, Selbstwert und soziale Beziehungen sicherlich die unterschiedlichen Temperamente, die differierenden Lernerfahrungen, unterschiedliche Erwartungen zur Wirksamkeit eigenen Handelns und vieles andere mehr.

Temperament, Alter, aber auch Lernerfahrungen, Erwartungen und anderes mehr haben Einfluss auf die persönliche „Ärgerneigung".

Von zentraler Bedeutung für das kindliche Ärgerverhalten sind die Faktoren:

- Alter
- Geschlecht
- Selbstwert
- Bindung an die Eltern

Die Bedeutung des Alters

Mit zunehmendem Alter werden Wutanfälle seltener.

Bereits in den 30er-Jahren wurde von dem Psychologen F. Goodenough eine Untersuchung zum Einfluss des Alters auf die Wutanfälle bei Kindern zwischen sieben Monaten und sieben Jahren durchgeführt. Hierbei zeigte sich, dass Kinder zwischen zwölf und 24 Monaten bei weitem die häufigsten Wutanfälle der untersuchten Altersgruppe erlebten. Bei Kindern, die älter als zwei Jahre waren, nahm die Häufigkeit der Wutanfälle rapide ab.

Den Eltern zum Trost stellte man in dieser Untersuchung auch fest, dass die Dauer der Wutausbrüche bei zwei Drittel der berichteten Fälle unter vier Minuten lag.

Bei der Heftigkeit der Wutausbrüche der Zweijährigen können allerdings vier Minuten wie eine Ewigkeit erscheinen, zumal diese Untersuchung weiterhin feststellte, dass bei manchen Kindern dieses Alters Wutanfälle bis zu zehnmal am Tag auftraten. Da kann man schon verstehen, dass die Nerven der Eltern heftig in Mitleidenschaft gezogen werden; fürchtet man doch nach dem Abebben des einen Wutanfalls bereits das Auftreten des nächsten.

Goodenough stellte in seiner Studie auch fest, dass die Wahrscheinlichkeit eines Wutausbruchs stieg, wenn die Kinder krank waren oder sich schlecht fühlten, wenn sie müde oder hungrig waren. Die Wutanfälle waren auch umso häufiger, je mehr ältere Geschwister die Kinder hatten.

Die Zweijährigen: das Trotzalter

Zweijährige sind für ihre Wutanfälle berüchtigt. Nicht umsonst spricht man vom „Trotzalter". Doch warum werden Kinder gerade in diesem Alter von Wutanfällen gebeutelt?

Zweijährige befinden sich hinsichtlich ihres Entwicklungs-
stands in einer sehr schwierigen Phase:

- Die Sprache als Möglichkeit, eigene Wünsche und Bedürfnisse zu äußern, kann von Zweijährigen noch nicht problemlos genutzt werden. Auch wenn sie das meiste verstehen können, fällt es ihnen noch sehr schwer, sich verständlich auszudrücken. Das ist frustrierend, wissen sie
doch meist recht gut, was sie wollen, können es jedoch
ihrem Gegenüber nicht so differenziert zum Ausdruck bringen. Vorbei sind die Zeiten, in denen die nonverbale Kommunikation zwischen Baby und Eltern so gut eingespielt
war, dass Worte nicht nötig waren.

- Zweijährige sind in vielen Dingen recht geschickt und selbstständig, sie wollen viele Handlungen nun selber ausführen
und sind frustriert, wenn dies entweder nicht gelingt oder
wenn ihnen Hilfe aufgedrängt wird. Unerbetene Hilfe wird
von ihnen als eine Infragestellen ihrer Kompetenz verstanden.

- Zweifel an ihren Fähigkeiten beziehen die Kleinen auf sich
als Person, Kritik an einer einzelnen Fähigkeit bedeutet für
Zweijährige Kritik an ihrem ganzen Selbst; sie fühlen sich
als Ganzes in Frage gestellt und kritisiert.

Zweijährige haben genaue Vorstellungen davon, was sie tun wollen – doch leider dürfen sie es oft nicht oder die eigenen Fähigkeiten reichen dafür nicht aus: Das macht wütend!

Der Drang nach Selbstständigkeit

Im Vordergrund dieser Entwicklungsphase steht das Streben
nach mehr Selbstständigkeit.

„Selbstständig und kompetent zu sein, scheint in diesem
Alter für das Selbst des Kindes von zentraler Bedeutung zu
sein." (v. Salisch, 2000, S. 67) Behinderungen im Bemühen um
Selbstständigkeit stellen für Kinder dieser Altersstufe daher
häufig Ärgeranlässe dar.

Das noch sehr zerbrechliche Selbstbewusstsein der Zweijährigen lässt sich demnach schnell ins Wanken bringen;

rasch fühlen sie sich bloßgestellt und blamiert, fühlen die Kritik an ihrem Handeln als Kritik an ihrer Person.

Wie auf Seite 33 ff. anhand des kognitiven Modells ausgeführt wurde, führt die Verletzung des Selbstwerts zum Ärgerempfinden und dies umso mehr, wenn nicht nur ein Teilbereich eigenen Könnens in Frage steht, sondern die ganze Person sich gekränkt und verletzt fühlt.

Sosehr die Wutausbrüche der Zweijährigen also an den elterlichen Nerven zerren, sosehr sind sie auch Ausdruck eines Entwicklungsprozesses, der durchschritten und wohl auch durchlitten werden will und muss.

Lernen am Erfolg

Aber noch ein anderer Aspekt darf nicht übersehen werden: Manche Kinder lernen sehr rasch, dass sich mit Wutanfällen eigene Wünsche und Vorstellungen durchsetzen lassen. Gelingt es ihnen immer wieder, ihre Wünsche auf diese Art und Weise durchzusetzen, so wird dieser Erfolg die Häufigkeit von Wutanfällen als Mittel zur Durchsetzung eigener Ziele steigern.

Das Kindergartenalter

Kindergartenkinder lernen im Umgang mit Gleichaltrigen, ihren Ärger zu steuern.

Bei drei- bis sechsjährigen Kindern spielen zunehmend die Beziehungen zu Gleichaltrigen (etwa im Kindergarten oder in der Vorschule) sowie zu Geschwistern eine zentrale Rolle in ihrem Leben und somit auch in ihrem Ärgererleben.

Wie die Goodenough-Studie zeigte, spielen Geschwister eine nicht unwesentliche Rolle bei der Entstehung von Ärger und Wut. Gleichzeitig bieten aber die Beziehungen zu Gleichaltrigen und Geschwistern eine einzigartige Möglichkeit, den Umgang mit dem Ärger zu erlernen.

Neigen Kindergartenkinder zunächst noch dazu, ihrem Ärger auch mit körperlicher Vergeltung Luft zu verschaffen, so nehmen insgesamt gesehen die körperlich aggressiven Verhaltensweisen deutlich ab. Zunehmend lernen die Kinder, ihren Standpunkt verbal klar zu machen.

In Studien konnte gezeigt werden, dass die Fähigkeit, Auseinandersetzungen in Gesprächen zu klären, wuchs, wenn die älteren Geschwister des sich ärgernden Kindes bei Auseinandersetzungen auf das jüngere eingingen, ihm gewissermaßen Wege aus dem emotionalen Dilemma aufzeigten. Natürlich gilt auch für die Drei- bis Sechsjährigen, dass ihnen konstruktive Möglichkeiten des Ärgerausdrucks eher zur Verfügung standen, wenn das Ärgergefühl nicht allzu intensiv war.

Typisch Junge – typisch Mädchen?

Tatsächlich reagieren Jungen und Mädchen unterschiedlich auf ihr Ärgerempfinden.

Haben Sie diesen Satz auch schon mal gehört oder angewendet? Was verbinden Sie mit einem Verhalten, das kennzeichnend für einen Jungen bzw. für ein Mädchen ist?

In Bezug auf den Ausdruck empfundenen Ärgers werden Sie wahrscheinlich dem typischen Jungen ein offeneres, aggressiveres und eher zu körperlicher Gewalt neigendes Verhalten attestieren; dem typischen Mädchen dagegen eher ein In-sich-Zurückziehen, Schmollen und die Suche nach Kontakt zu einem Vertrauten.

Wenn man von der Frage absieht, inwieweit jedes individuelle Kind überhaupt „typischen" Mädchen- oder Jungenverhaltensmustern entspricht, so zeigt die Forschung, dass dieses unterschiedliche Verhalten in Bezug auf den Ausdruck des Ärgergefühls bei älteren Kindern statistisch gesehen tatsächlich existiert.

Spielt bei Jungen das Thema körperliche Aggression als Ausdruck starken Ärgers eine große Rolle, so nimmt bei Mädchen die Tendenz, körperliche Gewalt anzuwenden, mit zunehmendem Alter deutlich ab.

In Auseinandersetzungen mit Gleichaltrigen nutzen Mädchen im Gegensatz zu Jungen eher beziehungsschädigende Formen, wie Intrigen oder die Ausgrenzung des Kontrahenten bzw. der Kontrahentin.

Geschlechtsunterschiede in Bezug auf den Ausdruck von Ärger, aber auch auf die Häufigkeit von Ärger- und Wutbekundungen treten jedoch erst bei Kindern auf, die älter als 24 Monate sind.

Mütter berichteten bei Jungen zwischen zweieinhalb und fünf Jahren etwa doppelt so oft von Ärger- und Wutausbrüchen als bei Mädchen gleichen Alters.

Dabei ähneln sich die Ärgeranlässe sehr:

**Unmittelbarer Anlass der Wutausbrüche von
0- bis 6-jährigen Kindern (nach Goodenough, 1931)**

	Häufigkeit in Prozent	
	Jungen	Mädchen
Einschränkung der Bewegungsfreiheit	3,1	3,4
Tägliche Gewohnheiten	23,4	19,1
davon: auf die Toilette gehen	4,4	2,6
zu Bett gehen	7,7	7,5
zu Mahlzeiten erscheinen	2,7	1,5
bestimmte Arten von Essen zurückweisen	3,3	4,2
Körperpflege: Gesicht waschen usw.	5,4	4,1
Veränderungen bei täglichen Gewohnheiten	3,6	2,7
Direkte Konflikte mit Autoritätspersonen	17,7	22,4
davon: Kind durfte Gewünschtes nicht		
ausführen	9,6	15,7
Kind führt eine verbotene Handlung aus	2,6	1,2
Kind wehrt sich gegen Bestrafung	3,7	4,3
Kind ärgert sich über Folgen seines Tuns	1,8	1,2
Allein zurechtkommen, sich selbst helfen	8,0	9,5
davon: vom Kind erbetene Hilfe verweigert	2,2	1,9
Weigerung, Spielzeug wegzuräumen	1,9	1,8
Nicht erfolgreicher Versuch, etwas allein zu tun	3,4	6,7
Aufgezwungene Hilfe beim Wunsch,		
etwas zu tun	1,1	1,7
Probleme in sozialen Beziehungen mit		
Kindern und Erwachsenen	28,1	28,1
davon: Wunsch nach Aufmerksamkeit	4,6	7,4
Unfähigkeit, eigene Wünsche mitzuteilen	0,6	0,5

Wunsch, bei Aktivitäten von anderen mitzumachen	3,7	4,0
Weigerung, Spielzeug und Sachen zu teilen	2,8	3,4
Verlangen nach Eigentum von anderen	4,2	3,1
Weitere Probleme mit Spielkameraden	12,5	10,9
Geringes körperliches Unbehagen oder Furcht	7,3	7,1
davon: Wunsch nach Essen zwischen den Mahlzeiten	2,7	1,7
Geringes körperliches Unbehagen (nass, kalt …)	1,9	3,7
Einnahme von Medizin (inkl. Einläufe usw.)	2,2	1,1
Furcht, die sich in Ärger verwandelt	0,5	0,6
Verschiedene Schwierigkeiten	4,6	5,7
davon: Weigerung, bestimmte Kleidungsstücke anzuziehen	1,8	4,1
Ungeduld beim Warten auf ein Ereignis	0,7	1,7
Mutter ungeduldig über die Langsamkeit des Kindes	2,0	0,1

(zitiert nach M. v. Salisch, 2000, S. 171)

Nach dieser Studie ärgern sich Jungen also häufiger als Mädchen über tägliche Gewohnheiten, wie auf die Toilette gehen, zu Bett gehen, Körperpflege usw., und haben häufiger Probleme mit Spielkameraden.

Mädchen dagegen reagieren ärgerlich, wenn sie sich daran gehindert fühlen, Erwünschtes zu tun, oder wenn ihre Versuche, etwas allein zu schaffen, nicht erfolgreich waren bzw. sind. Der leidige Kampf darum, was angezogen werden soll, wurde bereits am Beispiel der kleinen Lena deutlich (siehe Seite 12), er scheint für Mädchen typischer zu sein als für Jungen.

Leider gibt es zur Zeit noch keine neueren Untersuchungen zu diesem Thema, dabei wäre es nach siebzig Jahren (die zitierte Studie stammt aus dem Jahre 1931), nach Reformpädagogik und antiautoritärer Erziehung, nach Gleichberechtigungsdebatten und Frauenpower interessant zu sehen, ob es diese geschlechtsspezifischen Ärgeranlässe bei den Kleinen in ähnlicher Verteilung auch heute noch gibt. Nach allen Erfahrungen im Alltag ist allerdings zu vermuten, dass sich nicht allzu viel geändert hat.

Die Bedeutung des Selbstwerts

Zu einem positiven, stabilen Selbstwertgefühl gehört es, sich selbst Fähigkeiten und Kompetenzen zuzuschreiben. Es gehört dazu, sich selbst etwas wert zu sein. Wie verletzend ist es daher, wenn ein anderer die eigenen Fähigkeiten in Zweifel zieht, an den Grundfesten des eigenen Selbstbildes rüttelt. Klar, dass man darauf in der Regel mit Ärger, ja mit Wut, reagiert.

In der Forschung wurde die Frage diskutiert, welcher Zusammenhang zwischen der Höhe und der Stabilität des Selbstwerts und der Häufigkeit des Sich-Ärgerns bestehen könnte. Sind es gerade die Menschen mit einem niedrigen Selbstwertgefühl, die sich besonders häufig ärgern, oder diejenigen mit einer hohen Einschätzung persönlicher Fähigkeiten?

Sind es Menschen, deren Einstellung zu sich selbst stark schwankt, die sich mal für die Stärksten, mal für die Schwächsten halten, die, überspitzt formuliert, zwischen Minderwertigkeitskomplex und Größenwahn zu schwanken scheinen?

Aus der Forschung zu diesem Thema ist seit längerem bekannt, dass Menschen mit einem niedrigen Selbstwert dazu neigen, sich selbst stärker in Frage zu stellen und sich selbst aber auch mehr abzuwerten als andere.

Wer ein stabiles Selbstwertgefühl hat, steht öfter „über den Dingen" – und ärgert sich weniger.

Neuere Untersuchungen zum Zusammenhang zwischen Selbstwert und Ärgerneigung bei Kindern zeigten nun, dass es folgende Wechselwirkungen zwischen beiden Komponenten gibt:

- Kinder mit einem hohen, stabilen Selbstwertgefühl ärgern sich weniger häufig als andere, weil sie das Verhalten anderer nicht so rasch als Angriff auf die eigene Person bewerten und weil sie geringfügige Zurückweisungen nicht gleich als Bedrohung des Selbst erleben. Sie sind am häufigsten in der Lage, Ärger mit anderen zu besprechen.
- Kinder, die ein sehr niedriges Selbstwertgefühl haben, ärgern sich weniger häufig über das Verhalten anderer ihnen

gegenüber, da sie Schmähungen ihrer Person oder Verletzungen ihrer Kompetenzen als legitim empfinden, deckt sich dies doch mit dem Bild, das sie von sich selbst haben. In Bezug auf den Ausdruck des Ärgers neigen selbstwertniedrige Kinder häufiger dazu, ihren Ärger gegenüber anderen zu verbergen.

- Kinder, die in ihrer Selbsteinschätzung stark schwankend sind, ärgern sich häufiger und intensiver, weil sie sich schneller angegriffen fühlen. Sie neigen eher dazu, das Verhalten anderer als negativ und gegen sie gerichtet wahrzunehmen und zu interpretieren. Ihr Selbstbild ist so zerbrechlich, dass schon geringfügige Anlässe ausreichen, um es ins Wanken zu bringen. Sie zweifeln stärker als andere an ihren Fähigkeiten, schwierige Situationen zu meistern oder Hindernisse zu überwinden.

Besonders Jungen mit niedrigem und instabilem Selbstwert wählen, wenn sie ihrem Ärger offen Ausdruck verleihen, häufig aggressive Verhaltensweisen, wie schubsen, hauen und treten, aber auch verbale Angriffe (anmeckern, anbrüllen) tauchen bei ihnen häufiger auf.

Ein Ärgermodell

Ärger ist, das ergibt sich aus dem bisher Erläuterten, ein höchst komplexes Geschehen, das sich aus unterschiedlichen Elementen zusammensetzt.

Ärger ist ein komplexes Geschehen, das aber an vielen Stellen zu verändern ist.

Im Mittelpunkt des Ärgergeschehens steht der sich Ärgernde, seine Wahrnehmung und Bewertung des Verhaltens anderer, sein Ärgerempfinden und sein Ärgerausdruck.

Da jeder Mensch von seiner individuellen Lebens- und Lerngeschichte sowie von seiner Persönlichkeit geprägt ist, bedeutet dies, dass die Wahrnehmung einer Situation höchst unterschiedlich sein kann.

Erst wenn der Einzelne ein Ereignis als

* wichtig und unvereinbar mit seinen persönlichen Zielen bewertet,
* sein Selbstbild bedroht fühlt und
* jemanden anderen dafür verantwortlich macht,

empfindet er Ärger.

Vor dem Ausdruck des Ärgers, vor der Wahl der entsprechenden Ärgerreaktion steht ein Abchecken der verschiedenen Möglichkeiten, seinem Ärger Luft zu machen: Welche Konsequenzen habe ich zu befürchten, welcher Nutzen, aber auch welche Kosten entstehen?

Voraussetzung für einen solchen Bewertungsprozess ist allerdings, dass auch tatsächlich:

* unterschiedliche Reaktionsmöglichkeiten zur Verfügung stehen, und dass
* der Ärger nicht so mächtig ist, dass er alle rationalen Prozesse blockiert. Nicht umsonst kennt unser Strafgesetzbuch Handlungen im Affekt, also Handlungen, bei denen vernünftige Überlegungen keine Rolle spielen, da der Handelnde von seinen Gefühlen gewissermaßen überwältigt wurde.

Die Reaktion des Gegenüber

Die Reaktion auf den Ärger führt beim Gegenüber wiederum zu einer Reaktion – leicht gerät so eine Ärgerspirale in Gang.

In den Darlegungen zum Ärgergeschehen blieb bisher unberücksichtigt, dass im Anschluss an die Ärgerreaktion in der Regel mit einer Reaktion des Gegenüber zu rechnen ist. Typisch für höchst ärgerliche Situationen ist nun, dass die Reaktion des anderen, gegebenenfalls ebenso von Ärger gezeichnet, zu weiterem Ärger führt, so dass sich gewissermaßen eine Ärgerspirale in Gang setzt, die bisweilen schwer zu durchbrechen ist. Da kann sich das Geschehen schon mal heftig hochschaukeln und der eigentliche Ärgeranlass vollkommen aus dem Blickfeld geraten. Alter Ärger kocht dann unter Umständen noch einmal hoch und wird in die Auseinandersetzung geworfen. Die Situation droht zu eskalieren, ja bisweilen gerät sie dann tatsächlich außer Kontrolle.

Folgendes Modell versucht dieses komplexe Geschehen zu ordnen:

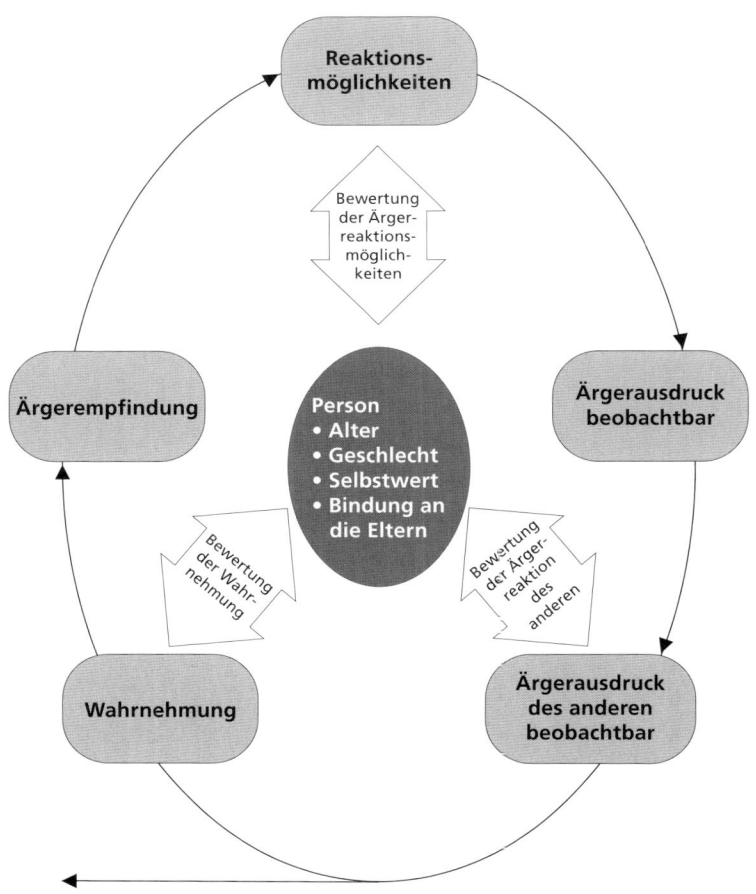

Das Modell liefert aber auch unterschiedliche Ansatzmöglichkeiten, um mit der Wut, mit der unkontrollierten Seite des Ärgers, umgehen zu lernen.

Die Wahrnehmung des Kindes schärfen

Wichtig ist zunächst der Aspekt der Wahrnehmung:

Wahrnehmung ist ein durchaus selektiver und höchst individueller Prozess. Meine Sicht der Dinge beschreibt noch keineswegs den Blickwinkel des anderen. Wer was wie wahrgenommen hat, ist oft nur im Gespräch zu klären. Dabei gilt es, die Perspektive des anderen einzunehmen, seine Brille aufzusetzen und das Geschehen aus seiner Sicht zu beurteilen: Wie sah die Situation aus dem Blickwinkel des anderen aus, was hat er wahrgenommen, wie hat er das Geschehen bewertet?

Kinder wissen noch nicht, dass ihre Sicht der Dinge nicht allgemein gültig ist. Sie beherrschen die Kunst des Perspektivwechsels in der Regel noch nicht. Hier bietet sich also ein erster Ansatzpunkt erzieherischen Handelns an.

Rollenspiele bieten vielfältige Möglichkeiten, neue Handlungsmuster auszuprobieren.

Tipp

Rollenspiele verschaffen kleinen Kindern die Möglichkeit, spielerisch in die Haut anderer zu schlüpfen und ihre Sicht der Welt zu erproben. Dabei bieten Puppen und Stofftiere im Spiel die Möglichkeit, verschiedene Rollen und Blickwinkel auszuprobieren.

Das Kind stärken

In Bezug auf die Häufigkeit und Intensität des Ärgerempfindens wurde bereits die Bedeutung der Höhe und Stabilität des Selbstwerts angesprochen. Wenn es gelingt, das Selbstwertgefühl des Kindes zu stärken, so sinkt damit die Wahrscheinlichkeit, dass es das Verhalten anderer häufig als feindlich bewertet. Kinder mit hohem stabilen Selbstwert trauen sich selbst einiges zu; sie besitzen Fähigkeiten, auf die sie stolz sind. Die Aufgabe der Eltern ist es daher, die Kompetenzen des Kindes zu fördern und ihm zu helfen, seine spezifischen Fähigkeiten zu entwickeln.

Tipp

Worauf sind Sie bei Ihrem Kind besonders stolz? Was kann Ihr Kind wirklich gut, woran hat es besonders viel Spaß? In welchem Bereich können Sie ihm beim nächsten Entwicklungsschritt helfen? Dies können ganz alltägliche Dinge sein, deren Ausführung Ihr Kind nach und nach lernt, zum Beispiel das tägliche Tischdecken oder die Hilfe beim Abtrocknen. Billigen Sie Ihrem Kind Schritt für Schritt mehr Selbstständigkeit und Kompetenz zu, und helfen Sie ihm so, selbstsicherer und selbstbewusster zu werden.

Mit dem Kind sprechen, anstatt zu schimpfen – das gilt auch bei einem Wutausbruch.

Handlungsalternativen aufzeigen

Es wurde schon mehrfach erwähnt: Die Wahl der Reaktion auf das Ärgerempfinden wird nicht nur von der aktuellen Situation und dem jeweiligen Gegenüber beeinflusst. Entscheidend ist vielmehr, welche Möglichkeiten dem sich Ärgernden zur Verfügung stehen. Hier gilt: je größer das Handlungsrepertoire des Kindes, umso größer seine Wahlmöglichkeiten.

Tipp

Wichtig ist in erster Linie das Gespräch mit dem Kind. Schimpfen, bestrafen oder abkanzeln sind keine geeigneten Maßnahmen, um neue Verhaltensweisen zu erlernen. Wichtiger ist hier, das Erleben des Kindes zu thematisieren und im Gespräch gemeinsam Alternativen zu erarbeiten. Eingeübt werden diese Handlungsweisen dann im Alltag.

Dabei wird Ihr Kind viel von Ihnen selbst lernen; Sie sind in der Regel das wichtigste Vorbild Ihres Kindes. Sie sind das Modell, von dem es lernt, wie mit dem Ärger, wie mit der Wut umgegangen werden kann. Beobachten Sie einmal das ärgerliche Verhalten Ihres Kindes. Kommen Ihnen Verhaltensweisen bekannt vor? Reagieren Sie, Ihr Partner oder andere Bezugspersonen ähnlich, wenn Sie zornig sind?

Auch beim Einüben neuer Handlungsmuster können Rollenspiele hilfreich sein. Hier eignen sich vor allem Puppen, Stofftiere und Ähnliches, um in die verschiedenen Rollen zu schlüpfen. Manche Kinder wählen ganz selbstständig diese Spielform, um mit ihren Puppen oder Schmusetieren Themen, die sie beschäftigen, durchzuarbeiten.

Für ältere Kinder bietet das Brettspiel *Ideenolympiade* eine anregende Spielmöglichkeit zur Erarbeitung alternativer Handlungsmuster (siehe auch Seite 116 f.). Hier gilt es, im Spiel gute Ideen zur Lösung von Problemen zu entwickeln; die beste Idee erringt olympisches Gold, und der Spieler wird zum Sieger gekürt. Ein Spiel, das, mit mehreren Teilnehmern gespielt, viel Spaß machen kann, dessen spielerischer Charakter jedoch deutlich vor den therapeutischen gestellt werden sollte.

Wohin mit der Wut?

Wütend wird man immer wieder – doch muss die Wut immer raus? Oder soll man lernen, sie zu unterdrücken? Kann man sie vielleicht sogar produktiv nutzen? Und wie kann man Kindern den gesunden Umgang mit ihrem Ärger beibringen?

Gefühle zeigen – oder nicht?

Manche Menschen haben sich ständig unter Kontrolle, andere werden immer wieder von ihren Emotionen übermannt – ist auch hier der goldene Mittelweg gangbar?

Es gibt Menschen, die sich stets unter Kontrolle zu haben scheinen und die keiner spontanen Gefühlsäußerung fähig sind, die, so scheint es, sogar zum Lachen in den Keller gehen. Ihre Mimik und Gestik geben kaum Aufschluss über ihre wirklichen Empfindungen.

Sicherlich ist es in manchen Positionen und Situationen hilfreich, ein „Pokerface" machen zu können und seine Gefühle nicht offen zu zeigen. Wird die Kontrolle der Gefühle jedoch zur generellen Haltung, so wird das Nicht-Vorhandensein kommunizierbarer Emotionalität für die Mitmenschen nahezu unerträglich. Denn woher sollen die Mitmenschen dann wissen, woran sie an ihrem Gegenüber sind?

Im Gegensatz dazu galt das offene, gewissermaßen ungebremste Zeigen seiner Gefühle in den 70er- und frühen 80er-Jahren noch als der Weg zur Emanzipation und zur Selbstfindung und als sichtbares Zeichen eigener Loslösung von etablierten, bürgerlichen Mustern. Spontan, offen und ungebremst, frei von kulturellen Zwängen und herrschenden Moralvorstellungen zu handeln war oberstes Ziel. In Anlehnung an die Freudsche Libidotheorie fürchtete man, dass die Unterdrückung von Gefühlen zu körperlichen und seelischen Schäden führe.

Erinnern Sie sich auch noch an Bilder aus der antiautoritären Erziehungsbewegung der 70er-Jahre, an Szenen aus den Kinderläden, in denen Kinder geradezu aufgefordert wurden, aggressives Verhalten zu zeigen? Es kam vor, dass die Erzieherinnen es akzeptierten, wenn Kinder ihr Essen auf den Tisch kippten, weil es ihnen nicht schmeckte, oder dass sie die Ecke des Raums als Toilette missbrauchten, wenn der Weg dorthin zu mühsam war. Auch wenn der Ausdruck empfundenen Ärgers über nicht schmackhaftes Essen oder lange

Wege sicherlich absolut offen und direkt war, bleibt zu fragen, ob die Tolerierung solchen Verhaltens notwendig und hilfreich für die Kinder war.

Heute erscheint uns ein beständiges und vollständiges Offenlegen der eigenen Gefühlswelt nicht nur unangemessen, ja bisweilen geradezu peinlich, sondern diese Offenheit kann unter Umständen die Umwelt auch deutlich überfordern.

Anfang der 80er-Jahre war es durchaus noch en vogue, seine Gefühlslage viel offener als heute vor seinen Mitmenschen auszutragen. Ob man wollte oder nicht, man wurde Teilhaber an den Gedanken, Gefühlen oder Problemen anderer. Dies grenzte gelegentlich ans Groteske – wenn zum Beispiel bei einer Geburtstagsfeier das 25-jährige Geburtstagskind den Gästen stundenlang Passagen aus seinem Stimmungstagebuch vortrug. Zu Beginn des Vortrags hörten die Gäste noch mit leicht betretener Miene dem Gastgeber zu. Nach einer Weile leerte sich mehr oder weniger unauffällig der Raum, da der Vortrag über die sich abwechselnden Depressionen die Partystimmung nicht hob.

Zwischen Skylla und Charybdis, zwischen absoluter Kontrolle und vollständiger Offenlegung der eigenen Gefühle, muss es eine weitere Alternative geben. Dies gilt in besonderer Weise für den Umgang mit der Wut.

Eine Gratwanderung

Erziehung ist ein schwieriges Unterfangen, verlangt sie doch stets und ständig Entscheidungen von den Eltern. Höchstes Ziel der Eltern ist es, dass ihre Kinder glücklich und zufrieden und im Einklang mit sich und ihrer Umwelt leben. Und dazu müssen sie mit ihren Emotionen umgehen lernen.

Sollen Kinder lernen, ihre Gefühle „im Griff" zu haben, sie zu kontrollieren und nur in gemilderter Form auszuagieren,

Eltern müssen ihre Kinder lehren, Gefühle auszuleben, ohne ihren Mitmenschen zu nahe zu treten.

oder gilt es, Gefühle klar und deutlich, ungeschönt und echt auszuleben?

Eine besondere Anforderung an die emotionale Kompetenz stellt hierbei der Umgang mit dem eigenen Ärger dar, denn ein zu heftiger oder zu häufiger Ausdruck vorhandenen Ärgers kann Beziehungen zerstören, macht in der Regel unbeliebt oder führt dazu, als aggressiv abgestempelt zu werden. Wird die Wut jedoch zu sehr unterdrückt, so besteht die Gefahr, berechtigte Eigeninteressen weder wahrzunehmen noch deutlich machen zu können. Manche Wissenschaftler gehen sogar von einem Zusammenhang zwischen psychischen Erkrankungen und der Unterdrückung negativer Gefühle wie Wut und Ärger aus.

Sich beherrschen zu lernen bedeutet nicht, sich alles gefallen zu lassen.

Die schmale Gratwanderung zwischen Zuviel und Zuwenig, zwischen Aggression und Submission schildert anschaulich folgende Erzählung:

Im Zug nach Brindavan sitzt ein Swami neben einem gewöhnlichen Mann aus dem Volk. Dieser fragt ihn, ob er denn wirklich zur vollkommenen Selbstbeherrschung vorgedrungen sei, wie es der Titel ‚Swami‘ besagt.

„Ja, das bin ich", sagt der Swami.

„Und haben Sie auch den Zorn in sich besiegt?"

„Auch das ist mir gelungen."

„Wollen Sie wirklich sagen, dass Sie Ihren Zorn besiegt haben?"

„Ja, das habe ich."

„Sie meinen, Ihren Zorn kontrollieren zu können?"

„Ja, das kann ich wohl."

„Und Sie verspüren niemals Zorn?"

„Nein, niemals."

„Ist das wirklich wahr, Swami?"

„Ja, das ist es."

Nach einer kurzen Pause fährt der Mann abermals fort: „Haben Sie wirklich das Gefühl, dass Sie Ihren Zorn überwunden haben?“

„Ja, wie ich schon sagte“, sagt der Swami.

„Wollen Sie also damit sagen, dass Sie niemals Zorn empfinden, sogar …“

„Sie reden und reden und reden – was wollen Sie eigentlich?“, ruft der Swami. „Sind Sie ein Narr? Wenn ich Ihnen doch sage …“

„Oh, Swami, jetzt sind Sie aber erzürnt, Sie haben Ihren Zorn doch nicht be…“

„Doch, das habe ich“, unterbricht ihn der Swami. „Kennen Sie nicht die Geschichte von der misshandelten Schlange? Ich will Sie Ihnen erzählen:

Auf einem Weg, der an einem kleinen bengalischen Dorf vorbeiführte, lebte eine Kobra, die fast alle Menschen, die zum Tempel gingen, anfiel. Als sich diese Vorfälle häuften, wurden die Menschen sehr ängstlich, und viele weigerten sich sogar, weiterhin zum Tempel zu gehen. Der Swami, der der Meister des Tempels war, wurde sich dieses Problems bewusst, und er entschloss sich, dem Ganzen selbst ein Ende zu bereiten. Er ging hin, wo die Schlange lebte, und rief sie mit Hilfe eines Mantras zu sich und unterwarf sie seinem Willen. (…) Dann sagte der Swami zur Schlange, dass es unrecht sei, die Menschen, die zum Gebet in den Tempel gingen, zu beißen. Er verlangte von ihr, dass sie ihm versprechen sollte, es nie wieder zu tun. Bald geschah es, dass es einem Vorübergehenden auffiel, dass die Schlange apathisch im Sand lag und gar keine Anstalten mehr machte, jemanden zu beißen. Dies sprach sich herum, und die Menschen verloren ihre Furcht vor der Schlange. Es dauerte nicht lange, bis die Dorfkinder die Schlange lachend am Schwanz hinter sich herzogen. Als der Swami eines Tages wie-

der vorbeikam, rief er die Schlange herbei, um nachzuprüfen, ob sie ihr Versprechen auch eingehalten hatte. (…) Demütig und elend kroch die Schlange auf den Swami zu, der bei ihrem Anblick entsetzt ausrief: ‚Du blutest ja! Wie konnte das geschehen?' Die Schlange war den Tränen sehr nah und platzte heraus, dass sie, seitdem sie ihm das Versprechen gegeben hatte, nur misshandelt worden war. ‚Ich habe dir gesagt, dass du nicht beißen sollst', sagte der Swami, ‚aber ich habe nicht gesagt, dass du nicht mehr zischen darfst.'"
(Boyd, Doug: Rolling Thunder. Erfahrungen mit einem Schamanen der neuen Indianerbewegung. München, 1981, S. 115–117, zitiert nach Tavris, S. 26–27; Übersetzung: Janet Wolverton, Maro Verlag, Augsburg)

Die Geschichte vom Swami verdeutlicht es: Erziehungsziel kann es nicht sein, die Kinder zu lehren, ihre Wut zu unterdrücken; sie sollen vielmehr lernen, ihrer Wut in einer Form Ausdruck zu verleihen, die ihre Interessen und Ziele deutlich macht, ohne verletzend zu sein.

In Abwandlung der Geschichte vom Swami und der Schlange bedeutet dies: Ziel muss es sein, seinen Ärger so zu zeigen, dass der andere weder tätlich noch verbal „gebissen" wird, aber das Zischen soll und kann man schon deutlich hören dürfen.

Wie sich Ärger ausdrücken kann

Bevor wir uns der Frage zuwenden, wie Kinder ihren Ärger zeigen können, gilt es zu klären, welche Ärgerausdrucksmöglichkeiten Menschen generell zur Verfügung stehen.

Wie zeigen Erwachsene eigentlich, dass sie sich ärgern? Aus welchem reichen Repertoire schöpfen sie?

Stellen Sie sich vor, Sie haben sich mühsam einen Vormittag freigearbeitet; die Kinder bei der Nachbarin untergebracht, eigene Termine verschoben, um endlich den so lange geplanten Behördengang zu unternehmen. Sie haben einen festen Termin und mit einigen Mühen gelingt es Ihnen, pünktlich an entsprechender Stelle zu sein. Schon nach zweieinhalb Stunden Wartezeit werden Sie aufgerufen und dürfen das Büro Ihrer Sachbearbeiterin betreten. Nachdem Sie lange und ausführlich Ihr Anliegen geschildert haben, teilt Ihnen die Dame freundlich mit, dass Sie sich mit Ihrer Frage leider an die falsche Stelle gewandt haben. Zuständig für die Bearbeitung Ihrer Angelegenheit ist der Kollege M., der sich zur Zeit leider auf Fortbildung befindet. Seine Vertretung Frau K. sei gerade zu Tisch und das Amt schließe in einer halben Stunde.

Wenn Sie solche oder ähnliche Situationen bereits erlebt haben (und wer hätte dies nicht?), erinnern Sie sich vielleicht, wie stark Sie sich über diese sinnlose Verschwendung Ihrer Zeit geärgert haben.

Aber welche Möglichkeiten stehen oder standen Ihnen zur Verfügung, um Ihrem Ärger Ausdruck zu verleihen? Spielen wir einige Alternativen durch:

- Erbost könnten Sie bei der Sachbearbeiterin mit der Faust auf den Tisch schlagen und ihr in mehr oder weniger deutlichen Worten klar machen, was Sie von den Behörden im Allgemeinen und dieser im Speziellen halten.
- Sie könnten allerdings auch der Sachbearbeiterin in einem etwas ruhigeren Ton Ihre Problemlage schildern: Wie schwierig es für Sie war, den Termin einzuhalten, Ihre drei kleinen Kinder für diese Zeit versorgt zu wissen, wie drängend und notwendig Sie das anstehende Problem gelöst haben müssen usw.

Es gibt immer verschiedene Möglichkeiten, in einer Ärgersituation zu reagieren – Erwachsene passen sich meist den sozialen Umständen an.

- Vielleicht verlassen Sie aber auch wütend und frustriert das Amt, um in Gedanken schimpfend nach Hause zu eilen.
- Nicht selten passiert es auch, dass eine andere Person den Ärger abbekommt, die eigentlich mit der Sache selbst nichts zu tun hat und im Grunde völlig unschuldig ist.
- Manchmal sind wir in der Lage, die Situation so umzudeuten, dass, obwohl die Auseinandersetzung vermieden wurde und das eigentliche Problem nicht gelöst werden konnte, der Ärger schwindet. Vielleicht sind Sie in der Lage, das Beste aus der verfahrenen Situation zu machen: Ihre Kinder sind gut untergebracht, und wenn Sie schon einmal in die Stadt gefahren sind, warum nicht bummeln gehen oder ein Weilchen in einem netten Café ausspannen?
- Selten, ganz selten, gelingt es uns, die Situation mit Humor zu meistern. Aber wem gelingt es schon, in einer solchen Situation mit einem netten humorigen Spruch die Lage zu entschärfen?

Fallen Ihnen noch weitere Möglichkeiten ein, wie Sie mit Ihrem Ärgergefühl umgehen könnten?

Reagiert man dem anderen gegenüber friedfertig oder aggressiv – das ist die zentrale Frage.

Hannelore Weber hat die verschiedenen Handlungsalternativen systematisiert und anhand der beiden Dimensionen „Antagonismus" und „Engagement" geordnet. Antagonismus meint dabei die Art und Weise, wie der Ärgerausdruck zum jeweiligen Gegenüber hin erfolgt. Dem Ärgerverursacher oder Dritten gegenüber kann der Ärgerausdruck feindselig oder auch friedfertig sein.

In Bezug auf das Engagement gibt es nach Hannelore Weber eine Spanne zwischen offenem und direktem Ärgerausdruck bis hin zur Vermeidung des Ärgerausdrucks.

Sie können daher zwischen folgenden Handlungsmöglichkeiten wählen:

Engagement	Antagonismus	
	Antagonistisch	Friedfertig
offene und direkte Auseinander-setzung	• körperlicher Angriff • verbaler Angriff	• beherrschter Ausdruck • klärendes Gespräch • gemeinsames Problemlösehandeln
indirekte oder verschobene Auseinanderset-zung	• Angriff gegen Dritte • Gewalt gegen Sachen • indirekte Angriffe auf und Bestrafung des anderen	• Gespräche mit Dritten • sachbezogene Pro-bleminangriffnahme • Umleitung zu pro-duktiven Arbeiten
internalisierte Auseinander-setzung	• Rachegedanken • den anderen abwerten • Brüten, „ruminating" • Selbstvorwürfe • Selbstmitleid	• Situationsanalyse • Perspektive des anderen übernehmen • Akzeptieren • Verzeihen • Wunsch- und Tag-träume
Auseinander-setzung wird vermieden	• Depression • Selbstaggression • Selbstgefährdung	• passiv bleiben • Ärger unterdrücken, wegstecken • Ablenkung • Bagatellisierung • Situation verfremden • Situation umdeuten • Humor

Natürlich stehen weder Erwachsenen noch Kindern alle diese Handlungsalternativen jederzeit zur Verfügung, aber – und nun kommen wir zur Frage, wie Kinder ihren Ärger zeigen:

> Bereits Kindergartenkindern, so belegen Studien, stehen verschiedene Handlungsalternativen und damit antagonistische und friedfertige Strategien zum Ausdruck ihres Ärgerempfindens zur Verfügung. Über die Wahl des Ärgerausdrucks entscheidet dabei nicht nur die Situation, auch das jeweilige Gegenüber hat deutlichen Einfluss auf den Ärgerausdruck.

Wie Kinder ihren Ärger zeigen

Schon Kindergartenkinder streben in einer Ärgersituation eher nach einem Ausgleich der Interessen als nach Konfrontation und Aggression.

In Studien konnte gezeigt werden, dass bereits die Kleinen in der Lage waren, ihren Ärger zu maskieren, wenn sie annahmen, dass dies in der gegebenen Situation erforderlich sei.

So zeigten sie in der Regel ihren Ärger über ein vollkommen unattraktives Geschenk nicht, obwohl ihr Ärgerempfinden deutlich war. Sie folgten damit der Benimmregel: „Sei freundlich und mach ein nettes Gesicht, wenn du etwas geschenkt bekommst."

Eine andere Studie belegte, dass Ärger gegenüber Freunden im Ausdruck deutlich mehr reduziert wird und weniger konfrontativ ist als gegenüber engen Bezugspersonen wie Eltern und Geschwistern. Die Furcht, einen engen Freund zu verlieren und seine Reaktion ob des deutlich gezeigten Ärgers aushalten zu müssen, oder auch sich schlichtweg lächerlich zu machen, dämpft also die Heftigkeit des Ärgerausbruchs und lässt nach Handlungsmustern suchen, die weniger Schaden verursachen. Im Mittelpunkt des Bemühens in dieser spannungs- und konfliktreichen Situation steht auch bei den Kindergartenkindern nicht so sehr der Wunsch, den eigenen Standpunkt durchzusetzen, das heißt eine Strategie, die notwendigerweise zu Siegern und Verlierern führen muss, sondern vielmehr streben befreundete Streithähne, so das Ergebnis einer Studie, auch in dieser Situation eher nach einem Ausgleich der Interessen.

Kinder im Grundschulalter wählen bei Auseinandersetzungen mit ihrem Freund/ihrer Freundin folgende Strategien:

- Am häufigsten wird erfreulicherweise das Gespräch zur Lösung des Problems gesucht. „Die Angaben von etwa der Hälfte der Kinder, dass sie ‚manchmal‘ oder ‚fast immer‘ ihren Ärger mit dem Freund oder der Freundin bereden, spricht dafür, dass viele Kinder die in der Aushandlung enthaltenen Entwicklungschancen ergreifen, indem sie ihre Wünsche und Interessen miteinander verhandeln und sich auf diesem Wege ein realistisches Bild von sich selbst, dem Freund und ihrer Freundschaft (einschließlich ihrer Belastbarkeit) verschaffen." (v. Salisch, 1997, S. 286).

  Die meisten Grundschulkinder versuchen in der Regel, Konflikte mit ihren Freunden friedlich zu lösen.

- An zweiter Stelle nannten die Kinder dieser Studie eine weitere nicht-antagonistische Strategie, und zwar die Lenkung der Aufmerksamkeit. Die Kinder versuchen also, ihrem Ärger Herr zu werden, indem sie sich ablenken, an anderes denken oder andere Aktivitäten suchen; so gelingt es ihnen, den Ärger deutlich zu reduzieren.

- An dritter Stelle wurde das Abwenden von dem Ärger auslösenden Freund genannt. Die Methode, sich vom Ärgerauslöser zu distanzieren, sein Heil erst einmal in der Flucht zu suchen und sich so im wahrsten Sinne des Wortes einen Freiraum zu verschaffen, wird noch an anderer Stelle besprochen (siehe Seite 99 ff.). Eine Auszeit, eine Unterbrechung in der Auseinandersetzung, ist eine höchst effiziente und wohltuende Methode, wenn die Situation zu eskalieren droht.

- Als vierte Möglichkeit suchten die Betroffenen Hilfe und Unterstützung bei Dritten, bei denen sie sich über das Vorgefallene aussprechen konnten.

In der Reihenfolge dieser friedfertigen Strategien wurden erst die Reaktionsmöglichkeiten der Konfrontation mit dem Ärger provozierenden Freund, abwertende Gedanken diesem gegenüber, Gedanken über den eigenen Ärgeranspruch und schließlich die so effiziente, aber leider auch von Erwachsenen zu selten genutzte Strategie des Humors genannt.

In Bezug auf vorhandene Geschlechtsunterschiede sei hier erwähnt, dass bei Mädchen zwar die Tendenz, körperliche Gewalt einzusetzen, mit zunehmendem Alter zurückgeht, beziehungsschädigende Formen des Verhaltens, wie zum Beispiel Intrigen, die zum Ausschluss aus der Gruppe führen, jedoch zunehmen. Auch wenn Mädchen also scheinbar weniger direkte aggressive Ärgerausdrucksmöglichkeiten wählen, so sind diese indirekten Strategien jedoch keineswegs weniger aggressiv dem jeweiligen Opfer gegenüber.

Jüngeren Kindern fällt es deutlich schwerer, sich aus ihrer eigenen emotionalen Betroffenheit zu lösen, Abstand zu gewinnen, sich vom Ärger nicht mitreißen zu lassen. Bei ihnen wiegt die eigene Verletzung durch das fehlerhafte Verhalten des anderen schwerer als rationales Abwägen möglicher Konsequenzen eigenen Handelns. Ihr Handlungsrepertoire ist noch deutlich eingeschränkter, die Erschütterung des Selbst ungleich größer als bei älteren Kindern. Die meisten Kinder im Grundschulalter sind jedoch bereits sehr gut in der Lage, verschiedene Strategien zu wählen und dabei den friedfertigen Ärgerausdrucksmöglichkeiten den Vorrang zu geben.

Das Erziehungsziel: soziale Kompetenz

Unter sozialer Kompetenz wird die Fähigkeit eines Menschen verstanden, mit anderen angemessen umgehen zu können.

So einfach sich diese Definition auch anhören mag, so komplex sind die Anforderungen, die dabei an den Einzelnen gestellt werden. Denn der „angemessene Umgang mit anderen"

Jedes Kind muss lernen, mit seinen Mitmenschen auszukommen.

Soziale Kompetenz umfasst die Fähigkeit, sich in den anderen hineinversetzen zu können und partnerschaftlich mit ihm umzugehen.

verlangt ein ganzes Bündel an Fähigkeiten. Betrachten wir einmal die Beschreibung eines sozial kompetenten Menschen:

„Er ist einfühlungsfähig, verständnisvoll, selbstkritisch, kommunikations-, kontakt- und beziehungsfähig und verhält sich partnerschaftlich, umsichtig, vorurteilsfrei, kompromissfähig, tolerant und fair." (Lang, 2000, S. 353)

Sicherlich ist kein Mensch immer und in allen Lebenslagen fähig, ein solches Bündel an menschlichen Tugenden wirklich zu verkörpern. Dennoch deckt sich die Idealvorstellung vom sozial kompetenten Menschen mit vielen Erziehungsidealen.

Die meisten Eltern wünschen sich Kinder, die tolerant und fair sind, die partnerschaftlich miteinander umgehen können, die in der Lage sind, bei einem Streit einen Kompromiss zu finden, mit dem alle leben können.

Diese Fähigkeit setzt voraus, dass sie in der Lage sind, sich in die Situation und Sicht des anderen hineinzuversetzen, denn erst dieser Perspektivwechsel ermöglicht ein Einfühlen in den anderen, ein Verständnis für seine Sicht der Dinge, und ermöglicht so auch einen umsichtigen, partnerschaftlichen Umgang miteinander.

Die Fähigkeit zum Perspektivwechsel ist eine komplexe kognitive Leistung, zu der Kinder erst allmählich und mit wachsendem Alter in der Lage sind. Zweijährige sind in der Regel mit diesem Anspruch noch hoffnungslos überfordert. Sie sind meist noch so in ihrer egozentrischen Weltsicht gefangen, dass ihnen empathisches Denken und Verhalten noch nicht möglich sind.

Soziale Kompetenz setzt außerdem ein gehöriges Maß an emotionaler Intelligenz voraus. Emotionale Intelligenz bedeutet in diesem Zusammenhang die Fähigkeit, seine eigenen Gefühle wahrzunehmen und situationsangemessen ausdrücken zu können.

Wünschenswerte Handlungsmuster bei Ärger

Greifen wir noch einmal auf das Handlungsschema von Hannelore Weber zurück. Unschwer lassen sich die Handlungsmuster identifizieren, die wir uns als Ausdruck empfundenen Ärgers bei uns und unseren Kindern wünschen: der beherrschte Ausdruck, das klärende Gespräch, das gemeinsame Problemlösehandeln. Idealerweise wird so ein Streitpunkt gelöst und der Grund des Ärgers aus der Welt geschafft. Auch das Gespräch mit Dritten und die sachbezogene Inangriffnahme des Problems sind sinnvolle und erwünschte Verhaltensmuster. Und wenn der Ärger sich gar in produktive Arbeit ummünzen lässt, warum nicht? Wird die Perspektive des anderen übernommen, wird der Ärger beendet, indem verziehen oder akzeptiert wird, so sind die Eltern glücklich über ein solches Maß an emotionaler Kompetenz ihrer Zöglinge.

Aber auch hier gilt: Kinder müssen diese Handlungsmöglichkeiten erst erlernen, sie müssen sich im Umgang mit den Eltern und besonders mit Gleichaltrigen in ihren Fähigkeiten üben und diese schrittweise erweitern.

Übung macht sozial kompetent

Die Fähigkeit, seinem Ärger in friedfertiger Weise Ausdruck zu verschaffen, entwickelt sich im Lauf eines langen Prozesses und stellt im Grunde genommen eine lebenslange Lernaufgabe auch für Erwachsene dar.

Doch wie können Eltern ihrem Kind helfen, soziale Kompetenz zu erwerben?

Wie so viele andere Fähigkeiten muss auch die soziale Kompetenz erlernt und vor allem eingeübt werden. Wichtig ist daher der Kontakt mit anderen Menschen, besonders mit Gleichaltrigen. Hier haben Kinder ein ideales Übungsfeld für ihre sozialen Fähigkeiten. Für die Eltern bedeutet dies auch, dass sie bei Streitereien und Zwistigkeiten zwischen den Kindern

Soziale Kompetenz lässt sich nur im Umgang mit anderen erlernen und einüben.

nicht gleich eingreifen sollten. Wie sonst können die Kinder lernen, verschiedene Konfliktlösestrategien und deren Effizienz zu erproben?

Es bedeutet aber auch, dass das elterliche Vorbild von zentraler Bedeutung für ein Kind ist. Wo, wenn nicht bei den Eltern kann es die hohe Kunst des Kompromiss-Schließens kennen lernen? Wo, wenn nicht bei den Eltern, lässt sich die Macht des Gesprächs zur Lösung von Konflikten erfahren?

Auf die Chance, den Perspektivwechsel durch Rollenspiele zu erlernen, wurde bereits hingewiesen (siehe Seite 54). Ein besonders gutes Übungsfeld bietet das alt bekannte Brettspiel „Mensch ärgere dich nicht". Bei diesem in den meisten Familien beliebten Spiel lässt sich trefflich lernen, die eigenen Gefühle unter Kontrolle zu bringen (siehe auch Seite 116).

Wozu dient die Wut?

Ärger und Wut sind wichtige Emotionen; sie dürfen nicht unterdrückt, sondern sollen konstruktiv genutzt werden. Denn der Ärger hat durchaus nützliche Seiten – zum Beispiel in seiner Funktion für die Ich-Entwicklung. Allerdings kann er in belasteten Eltern-Kind-Beziehungen auch fehlgeleitet sein.

Ärger hat seinen Sinn

Ärger bietet immer eine Chance zur Veränderung.

Wahrscheinlich fragen auch Sie sich gelegentlich, warum Ihr Kind solche Wutanfälle hat, warum sie so häufig auftreten, so heftig sind und sich immer Ihnen gegenüber äußern.

Warum muss das sein?

Ideal wäre natürlich, wenn es ein Patentrezept dafür gäbe, wie man den Trotzanfällen ein Ende bereiten könnte. Wo ist nur der Knopf, mit dem man die Wutanfälle abstellen kann? Doch diesen Knopf gibt es nicht und auch keine einfachen Tricks, wie man die Ärgerattacken des Kleinkindes unterbinden kann. Denn: Ärger und Wut sind sinnvolle Gefühle, sie haben eine nicht zu unterschätzende Funktion.

Was Ärger ist, wurde bereits im ersten Kapitel dieses Buches erläutert. Da hieß es unter anderem, dass Ärger dann entsteht, wenn etwas nicht so ist, wie es sein sollte, bzw. wie wir es gern hätten. Das bedeutet aber auch, dass Ärger immer auch ein Signal für uns sein kann.

Erst wenn wir uns ärgern, spüren wir, dass da etwas unseren Interessen, Zielen und Wünschen zuwiderläuft. Erst wenn wir uns ärgern, können wir das, was uns ärgerte, verändern; wir können neue Wege suchen und alte verlassen. Denn Ärger bietet bei allem Unbill auch immer wieder eine Chance: eine Chance zur Veränderung, eine Chance zum Lernen, eine Möglichkeit, die Diskrepanz zwischen Wunsch und Wirklichkeit zu verkleinern.

Ein zu heftiger, konfrontativer Ärgerausdruck kann Schaden anrichten. Doch das Ärgerempfinden an sich und ein klarer, nicht feindlicher Ärgerausdruck können immer auch einen Nutzen haben.

Betrachtet man Ärger aus dieser Perspektive, so wird er zu einer fast schon entwicklungsnotwendigen Emotion. Dies wird besonders deutlich bei den Zweijährigen, denn hier signalisieren die Wutanfälle immer eine wichtige Phase in der Entwicklung des Kleinkindes. Der oftmals erschreckend heftige Ärgerausdruck in diesem Alter hat eine zentrale Funktion in der Entwicklung zur Selbstständigkeit, in der Loslösung aus der engen Eltern-Kind-Beziehung.

Über die Funktion von Ärger und Wut

„Dem Ärger kommt die Aufgabe zu, Fehlverhalten und Regelverstöße zu ahnden, und zwar vor allem solche, die durch offizielle kulturelle Sanktionseinrichtungen (Gerichte, Polizei) nicht verfolgt werden können, weil es sich beispielsweise um Lappalien handelt." (Weber, 1994, S. 49–50)

Ärger ist eine notwendige Emotion, die das soziale Miteinander regelt.

Stimmt diese These?

Ist Ärger wirklich eine Art vorgerichtlicher Instanz, die die Einhaltung vorhandener Regeln überwacht, die Fehlverhalten aufdeckt und sanktioniert?

Ist Ärger so etwas wie ein „Emotions-Zorro", der gegen das Unrecht und für die Schwachen kämpft?

Wenn das stimmt, dann ist Ärger nicht nur eine zentrale, sondern sogar eine *notwendige* Emotion, denn sie reguliert das Miteinander, signalisiert dem sich Ärgernden und dem Ärgerauslöser, dass eine Grenzüberschreitung, eine Fehlhandlung, vorlag und beugt so zukünftigen oder beständigen Verletzungen durch andere vor.

Gehen wir daher dieser These einmal genauer nach: Nehmen wir an, es gäbe die Emotion „Ärger" in unserem emotionalen Repertoire nicht; wir wären nicht in der Lage, Ärger zu empfinden. Das würde bedeuten, dass uns keine Emotion zur Verfügung stünde, die uns und anderen signalisiert, wenn jemand unser Selbstwertgefühl beleidigt, unsere Fähigkeiten, Wünsche und Ziele ignoriert oder gar blockiert, unsere Normen und Wertvorstellungen gewissermaßen mit Füßen tritt. So wie es Isabella im folgenden Beispiel ergeht:

Isabella, zweieinhalb Jahre alt, geht schon in den Kindergarten und ist sehr stolz darauf, schon so groß zu sein. Sie fühlt sich im Kindergarten wohl und hat dort rasch gelernt, auf die Toilette zu gehen, sodass sie keine Windel mehr braucht. Stolz auf ihre neue Fähigkeit berichtet sie zu Hause, dass sie nun keine Windel mehr brauche, da sie schon ganz allein auf die Toilette gehen könne. Isabellas Mutter traut dieser Fähigkeit nicht und besteht darauf, dass Isabella eine Windel anzieht, um die Hose nicht später nass zu haben. Gewindelt, verunsichert und beschämt geht Isabella in den Kindergarten.

Isabella ärgert sich ob dieser Beschneidung ihrer Fähigkeiten nicht, bzw. sie ist nicht in der Lage, den verständlichen und legitimen Ärger über ihre Mutter zu zeigen. Sie kann ihrer Mutter nicht klar machen, dass sie stolz ist, zu den Großen zu gehören, die keine Windel mehr brauchen.

Ein Kind sollte in seinem Streben nach Selbstständigkeit unbedingt unterstützt werden.

Sie kann ihrer Mutter nicht zeigen, wie wichtig diese neu erworbene Fähigkeit für sie ist. Sie kann ihr so auch nicht deutlich machen, dass sie in ihrer Entwicklung einen wichtigen Schritt nach vorne gemacht hat. Einen Schritt, der nicht blockiert und behindert werden darf.

Da Isabella sich nicht ärgert, kann sie die Energien, die das Ärgerempfinden im Allgemeinen mobilisiert, nicht nutzen, um ihre neu erworbene Fähigkeit zu verteidigen.

Das Verhalten von Isabellas Mutter bleibt so unbeanstandet und wird nicht weiter hinterfragt. Vielleicht ahnt die Mutter nicht einmal, wie wichtig es für ihr Kind gewesen wäre, gerade jetzt Lob, Unterstützung und Ermunterung zu bekommen. Eine Klärung der Situation, und damit eine Änderung des mütterlichen Verhaltens, ist so nur schwerlich möglich.

Hätte Isabella ihren Ärger über ihre Mutter deutlich machen können, hätte die Chance bestanden, das vielleicht unbedachte Verhalten der Mutter zu verändern.

Dabei gehört gerade dies zu den zentralen Funktionen eines klaren Ärgerausdrucks.

Doch welche Folgen hat es für Isabella, wenn sie ihren Ärger nicht wahrnimmt bzw. nicht ausdrückt? Für die Mutter jedenfalls ist das fügsame Verhalten ihrer Tochter durchaus angenehm.

Warum ist es wichtig, dass Isabella ihrer Mutter klar machen kann, wie stolz sie auf ihre neue Fähigkeit ist? Warum ist es für die Mutter wichtig, Isabellas Botschaften zu verstehen?

In der konkreten Situation bedeutet das Verhalten der Mutter für Isabella eine herbe Enttäuschung; ihre neu erworbene Fähigkeit wird nicht nur nicht gewürdigt, sie wird förmlich negiert. Welch eine Selbstwertverletzung, wenn Kompetenzen, auf die wir stolz sind, von anderen geleugnet werden!

Betrachten wir einmal kurz die möglichen Folgen dieses mütterlichen Verhaltens für die weitere Kommunikation zwischen Mutter und Kind.

Nehmen wir also an, dass Isabella häufiger oder ständig die Erfahrung macht, dass ihre Mutter sie nicht versteht, dass sie ihr Kind förmlich nicht hört. Dem Kind bleiben dann im Grunde nur zwei Alternativen: Zum einen, die eigenen Wünsche und Bedürfnisse so laut und nachdrücklich zu formulieren wie möglich, in der Hoffnung, dann gehört und verstanden zu werden. Kinder, die dieses Verhaltensmuster wählen, erscheinen den Erwachsenen oft ungezogen, verhaltensauffällig und laut. Sie fordern die Erwachsenen mit ihrer erzwingenden Strategie geradezu heraus.

Als andere Möglichkeit lernt das Kind, die eigenen Wünsche und Bedürfnisse als nicht gerechtfertigt oder unwichtig zu verstehen, und verzichtet daher weit gehend auf deren Artikulation. Auch wenn diese Kinder wahre Vorbilder an Erziehung zu sein scheinen, da sie in der Regel folgsam und bemüht

Eigene Bedürfnisse angemessen ausdrücken zu können ist für die Persönlichkeitsentwicklung von großer Bedeutung.

sind, die Wünsche und Vorstellungen der Eltern zu erfüllen, so ist dies für ihre eigene Entwicklung, für ihre Selbstständigkeit und emotionale Ausgeglichenheit nicht von Nutzen.

Beides sind Verhaltensmuster, die für Kinder keineswegs wünschenswert sind, gehört es doch zur emotionalen Intelligenz eines Kindes, seine Gefühle klar empfinden zu lernen und adäquat ausdrücken zu können.

Warum Ärger für Kinder von Nutzen ist

Ärger hat meist das Ziel, das Verhalten eines anderen zu verändern.

In einer Studie wurden Kinder ab dem dritten Schuljahr zu einer Ärgerepisode mit ihrem Freund bzw. ihrer Freundin befragt. Die Schüler und Schülerinnen sollten sich in diesem Gespräch auch zu den positiven Seiten des Ärgers äußern, zu dem Nutzen, den das deutliche Zeigen des empfundenen Ärgers haben kann. Je älter die Kinder waren, umso häufiger konnten sie nützliche Seiten des deutlichen Ärgerausdruckes benennen. (Kursiv gedruckt finden Sie im Folgenden Originalzitate aus einer Befragung von Schulkindern.) Ganz oben auf der Nutzen-Skala stand dabei das Ziel: das Verhalten des Ärgerauslösers zu verändern.

So gaben einige der Befragten an, sich beim Ausdrücken des eigenen Ärgers ziemlich gut zu fühlen, denn so merke der andere erst, *„dass es blöd war, was er gesagt hat."* Andere betonten, es sei sinnvoll, den Ärger deutlich zu zeigen, *„weil ich weiß … dann irgendwann lässt sie's". „Weil, wenn ich es ihr sage, vielleicht ändert sie sich ja dann."*

Nicht wehrlos zu sein und sich gegen ungerechtfertigte Angriffe wehren zu können wurde als weiterer positiver Aspekt genannt. *„Ich bin halt nicht das kleine Kind, das man einfach verhauen kann, weil ich kann mich auch wehren."*

Gegenüber Dritten nicht vollkommen wehrlos zu sein – dieser Aspekt des von anderen wahrnehmbaren Ärgergefühls ist gerade für Kinder von elementarer Bedeutung. Insbesonde-

78

re gegenüber der Gruppe im Kindergarten, gegenüber Klassenkameraden und gegenüber der Freundesclique ist es wichtig, klar zu machen, dass man sich nicht alles gefallen lässt und sich gegen Angriffe durchaus zu wehren weiß. *„Weil, wenn man sich auch nicht wehrt, dann denken die anderen auch manchmal, man könnte mit einem machen, was man will, und machen das dann öfter und das find' ich also auch ziemlich deprimierend."*

Ein letzter wichtiger positiver Effekt des deutlichen Zeigens vorhandenen Ärgerempfindens ist wohl nicht nur für Kinder das Gefühl der Entlastung, wenn man seine Wut „herauslassen" kann. *„Dann hätte ich mich erst mal gut gefühlt, weil dann erst mal alles runter ist."*

Oft ist die Wut ja schnell verraucht, wenn man die Gelegenheit hatte, einmal kurz „Dampf abzulassen". Wichtig ist dabei allerdings, dass auch hier eine Ausdrucksform gewählt wird, die nicht neuen Ärger heraufbeschwört, denn wenn der Ärgerausdruck zu aggressiv und zu verletzend ist, wird die Ärgerspirale sich rasch weiter drehen.

Ärger und Wut haben eine durchaus positiv zu bewertende Funktion, dienen sie doch als Signal für Verletzungen von persönlichen Werten und Normen und von Regeln, die das Zusammenleben prägen und ermöglichen. Diese Signale zu erkennen und zu nutzen ist für den sich ärgernden Menschen wichtig. Nur so kann er bemerken, wenn persönliche Grenzen verletzt wurden, nur so kann er für seine Rechte eintreten, nur so kann er sich gegen das Fehlverhalten anderer zur Wehr setzen. Aber auch für alle anderen Beteiligten ist der situationsangemessene Ärgerausdruck eine wichtige Informationsquelle über die Befindlichkeit des anderen.

Wie oft kommt es vor, dass wir, ohne es zu wollen oder zu wissen, einen anderen kränken?

Wie oft blockieren wir unbeabsichtigt die Planungen eines anderen, da wir von seinen Zielen und Absichten keine Kenntnis hatten?

Gerade deshalb ist es so wichtig, dass wir die Chance nutzen können, den die Emotion „Ärger" hier bietet. Erst wenn wir spüren, dass jemand sich ärgert, erst wenn wir den Ärger des anderen wahrnehmen können, bietet sich uns die Chance zur Veränderung, erst dann kann das Geschehene zum Thema werden.

Wichtig ist jedoch, sich stets zu vergegenwärtigen, dass insbesondere kleine Kinder wenig über diese nützliche Seite des Ärgers und der Wut wissen. Für die Zwei- und Dreijährigen ist die konstruktive, zukunftsgerichtete Funktion dieser Emotion vollkommen unwichtig. Ihr Ärger, ihre Wut ist ganz Resultat des Augenblicks. Ihre Wut ist oft von Verzweiflung über das Nichterreichen eines aktuellen Handlungsziels geprägt. Dieses Handlungsziel kann in der nächsten Stunde, ja schon in den nächsten Minuten, vollkommen unwichtig werden. Weitere Wutanfälle entzünden sich dann an ganz anderen Dingen.

Um es ganz deutlich zu formulieren:

Auch wenn Eltern sich noch so viel Mühe geben, sie können die Zornesausbrüche ihres Kleinkindes nicht ganz vermeiden, denn neben der beschriebenen Funktion des Ärgers als Signal kennzeichnen sie eine unerlässliche Phase in der kindlichen Entwicklung. Sie sind Indikatoren für einen elementar wichtigen Entwicklungsschritt des Kindes, einen Meilenstein auf dem Weg zur Selbstständigkeit.

Gerade dann, wenn die Wutanfälle des Kleinen die Eltern ratlos machen oder gar verzweifelt, ist es gut, sich bewusst zu machen, dass es sinnvoll, ja notwendig ist, dass Kinder ihren Ärger zeigen können.

Neinsagen-Lernen ist wichtig!

Auch wenn das ständige Trotzen und Neinsagen die Eltern gelegentlich beinahe zur Verzweiflung führt: Nein-Sagen-Lernen ist wichtig, denn es ist eine Station auf dem Weg zur Entwicklung des Selbst.

Was ist in letzter Zeit bloß mit Max (20 Monate) los?

Bisher war er ein richtiger kleiner Sonnenschein, ein Strahlemann, stets zu Späßen aufgelegt oder versunken beim Ausräumen seiner Lieblingsschublade. Sein glucksendes Lachen, seine Freude an kleinen Versteckspielen, sein Singen und Erzählen, seine tapsigen ersten Schritte – all das und vieles mehr waren ein Quell der Freude.

Doch nun gellt sein durchdringendes NEIIIIIIIN durch die elterliche Wohnung. Nichts kann man ihm mehr Recht machen, stets und ständig ist man, ohne es zu wollen, in irgendwelche Auseinandersetzungen verwickelt.

Eine typische Szene: Beim Mittagessen. Max will seinen Nachtisch und zwar sofort. Auf den Hinweis der Eltern: „Den Nachtisch gibt's erst, wenn du deine Nudeln gegessen hast", reagiert er mit einem heftigen Wutanfall. Er wirft die Gabel zu Boden und versucht, den Teller gleich hinterher zu werfen. Als dies nicht gelingt, wirft er sich selbst zu Boden, weint und tobt.

Das Alter zwischen 18 und 24 Monaten ist eine Phase des Umbruchs, der Entdeckung des eigenen Willens.

Von vielen Psychologen wird das Alter zwischen 18 und 24 Monaten als eine Zeit des Umbruchs gesehen.

Vorbei ist die Zeit des Babyalters. Vorbei die Zeit, in der man das Baby von einem zum anderen Ort tragen konnte, ob es nun wollte oder nicht. Das Kind steht nun fest auf seinen beiden Beinen und bewegt sich zielgerichtet dahin, wo es hin will.

Mitbestimmen – das wollen die Kleinen in jeder Situation.

Vorbei ist die Zeit, in der die Verständigung ohne Worte möglich war. Vorbei die Zeit, in der die Eltern allein bestimmten, was zu geschehen hatte. War das Baby bisher weitestgehend von den elterlichen Handlungen abhängig, so möchte das heranwachsende Kleinkind nun seinen Willen kund tun und möchte mitbestimmen.

Voraussetzung für diesen Wandel sind die Veränderungen und Entwicklungen im kognitiven Bereich, das heißt, das Kind versteht sein Handeln zunehmend. Augen- bzw. „ohren"-fällig wird dies durch die wachsende sprachliche Kommunikationsfähigkeit.

In zunehmendem Maße sind die Eineinhalb- bis Zweijährigen nun in der Lage, Gegenstände zu benennen; sie können Wünsche und Vorstellungen äußern und entwickeln Vorstellungen über sich selbst.

Mit stolz geschwellter Brust teilen sie mit, dass sie ein Junge oder ein Mädchen sind oder berichten über das, was sie gerade tun.

Sie erleben nun auch, dass ihre Planungen und Wünsche nicht immer deckungsgleich sind mit denen der Eltern, der Geschwister oder anderer Mitmenschen. Oftmals prallen nun gegensätzliche Handlungsentwürfe aufeinander. Und während es beim Baby noch möglich war, mit alternativen Handlungsangeboten die Aufmerksamkeit des Kindes zu fesseln, es abzulenken und so zufrieden zu stellen, gelingt dies nun immer weniger.

Die Kleinen proben den Machtkampf; sie entdecken, dass sie einen eigenen Willen und eigene Zielvorstellungen haben, die sie durchzusetzen versuchen. Auf dem Weg zur Selbstständigkeit haben sie eine entscheidende Etappe erreicht, denn Autonomie ist nur da möglich, wo eigene Entscheidungen und eigene Ziele über das Handeln bestimmen und der Grad der Fremdbestimmung möglichst gering ist.

Aber wie so viele Wege ist auch der Weg zur Selbstständigkeit mühsam und gepflastert mit vielen unterschiedlichen Erfahrungen, mit Erfolg und Misserfolg.

Auf dem Weg zur Selbstständigkeit muss der eigene Wille durchgesetzt werden!

In dieser Entwicklungsphase dient den Zwei- bis Dreijährigen scheinbar Nebensächliches als Übungsfeld zur Abgrenzung zwischen eigenem und anderem Wollen.

Zum Verständnis der Wutanfälle

Von entscheidender Bedeutung für das Verständnis der Wutanfälle der Zwei- bis Dreijährigen ist die sich stetig entwickelnde Fähigkeit, eigene, sehr konkrete Handlungsziele zu planen.

Diese Zielvorstellungen sind in diesem Alter jedoch noch sehr starr und unflexibel. Und gerade darin besteht nach Ansicht einiger Psychologen das Problem.

Auch Erwachsene erleben es immer wieder, dass sich nicht jedes Ziel sofort und problemlos erreichen lässt.

Kleinkinder machen diese Erfahrung noch viel häufiger, denn oft reichen ihre Fähigkeiten noch nicht aus, um ihre Ziele allein zu erreichen. Hilfe wird jedoch entrüstet abgelehnt.

Manche ihrer Planungen sind auch schlichtweg unrealistisch oder unpraktikabel oder finden zu einem ungünstigen Zeitpunkt statt.

Das Scheitern an den eigenen Ansprüchen, diese Blockade der eigenen Ziele, ist die Ursache der Wutanfälle, denn die anvisierten Ziele sind so starr, dass ein Nichterreichen dieser Ziele das Kind geradezu in Verzweiflung stürzt. Offenbar befindet sich das Kind in dieser Situation in einer Art Handlungsvakuum – es weiß nicht mehr, was es tun soll, es weiß buchstäblich nicht mehr ein noch aus. Auch die attraktivste Alternative kann dann nicht akzeptiert werden, weil der Blick nach wie vor starr auf das Ziel der geplanten Handlung gerichtet ist.

Für alle Beteiligten ist dieses Entwicklungsstadium äußerst nervenaufreibend. Die Eltern scheinen ständig am Rande eines brodelnden Vulkans zu spazieren, alles und nichts kann den Ausbruch auslösen. Jede Kleinigkeit kann urplötzlich zum Auslöser einer Auseinandersetzung werden.

Für das Kind ist die Situation nicht weniger anstrengend; es ist zwischen Über- und Unterforderung hin- und hergerissen. Nach einem Wutausbruch ist es oft geradezu hilflos, traurig und verletzt. Dann braucht es Trost und Unterstützung, Zuspruch und die Erfahrung, dass die Eltern trotz allem Ärger für es da sind, es lieben und an seiner Seite stehen.

> Es ist sehr wichtig, dass Sie Ihren Sohn bzw. Ihre Tochter nach einer solchen Auseinandersetzung, auch nach einem noch so heftigen Wutanfall, wieder in den Arm nehmen können. Es ist umso wichtiger, das Kind und sich selbst zu trösten und gemeinsam wieder neu anzufangen, je heftiger die Verzweiflung nach einem solchen Zornesausbruch ist.

Belastete Eltern-Kind-Beziehungen

Der frisch gebackene Vater fährt seine drei Wochen alte Tochter im nahegelegenen Park spazieren. Verärgert kommt er nach Hause. Obwohl seine Tochter satt und trocken war, hatte sie während des ganzen Spaziergangs ununterbrochen in ihrem Kinderwagen gebrüllt. Der Vater konnte keine zwei Schritte machen, ohne von einer besorgten Spaziergängerin angesprochen zu werden, was die Kleine denn habe? Sie habe sicher Hunger, ob er dem Kind denn nichts zu trinken geben wolle usw. Mitunter hatte er sogar mehr als kritische Blicke und Kommentare geerntet, manche besorgten Mitmenschen konnte er nur mit Mühe vom Kinderwagen fernhalten.

Nahezu jeder im Park hatte sich nach dem Kindergeschrei umgedreht, eine besorgte Miene gemacht oder Vorschläge unterbreitet, wie dem Kind zu helfen sei.

Das kindliche Weinen sichert die Fürsorge der Eltern, kann aber unterschiedliche Auswirkungen auf die Eltern-Kind-Beziehung haben.

Jede Mutter und jeder Vater kennt diese Situation. Sei es im Park, im Kaufhaus oder auf der Straße – wenn ein Kind weint oder schreit, wenden sich alle Blicke dem Kind und seiner Begleitperson zu.

Besorgt erkundigen sich viele, was dem Kind fehle, oder starten Versuche, das Kind zu trösten. Kritisch wird das Verhalten des begleitenden Erwachsenen beäugt, ob er tatsächlich in der Lage ist, dem Kind zu helfen und die Situation zu meistern.

Dieses Verhalten ist tief im Menschen eingegraben und vollzieht sich weitest gehend instinktiv. Dieser Reaktion liegt ein höchst sinnvolles System zugrunde. Wenn ein Baby weint, wenden wir uns automatisch dem Kleinen zu und versuchen zu klären, welche Ursache das Klagen hat. Wir bemühen uns, Abhilfe zu schaffen.

Aus Sicht der Bindungstheorie sichert die Natur auf diese Weise, dass kindliche Signale nicht ungehört bleiben. Kindliches Weinen bewirkt also gewissermaßen ein instinktives Fürsorgeverhalten der Eltern. Dieses Bindungssystem funktioniert in der Regel zwar automatisch, allerdings kann die Art der Eltern-Kind-Bindung sehr unterschiedlich sein.

Die Eltern-Kind-Bindung

Der so genannte „Fremde-Situations-Test" von John Bowlby und Mary Ainsworth zeigt, dass es drei verschiedene Arten der

Die Art, wie Eltern auf die Signale ihres Kindes reagieren, bestimmt die Qualität der Eltern-Kind-Bindung.

Bindung zwischen Eltern und Kind gibt. Dieser Test wird mit Kindern zwischen zwölf und 24 Monaten durchgeführt. Für kurze Zeit lässt dabei die Mutter/der Vater das Kind allein in einem fremden Raum mit einer fremden Person. Kinder unterschiedlichen Bindungstyps reagieren auf diese Belastungssituation interessanterweise höchst unterschiedlich.

Typ A: unsicher vermeidend gebundene Kinder
Diese Kinder zeigen kaum Kummer, wenn ihre Mutter den fremden Raum verlässt. Sie scheinen die Nähe der Mutter nicht zu suchen; kehrt die Mutter zurück, meiden sie den Kontakt und wenden sich sogar ab. Sie wehren sich zwar nicht dagegen, auf den Arm genommen zu werden, dennoch entspannen sie sich nicht wie die Kinder des B-Typs im mütterlichen Arm.

Typ B: sicher gebundene Kinder
Kinder dieses Bindungstyps suchen in dieser Situation die Nähe ihrer Mutter. Verlässt die Mutter für kurze Zeit den Raum, suchen diese Kinder voll Kummer ihre Mutter und lassen sich von Fremden kaum trösten. Kehrt die Mutter zurück, so entspannen sich die sicher gebundenen Kinder getröstet in den Armen der Mutter.

Typ C: unsicher ambivalent gebundene Kinder
Kinder dieses Bindungstyps zeigen deutlich ihren Kummer, wenn ihre Mutter den Raum verlässt. Kehrt sie zurück, reagieren diese Kinder jedoch höchst widersprüchlich. Sie suchen zwar die Nähe der Mutter, auf die Kontaktaufnahme der Mutter reagieren sie jedoch abwehrend.

Ursache dieser unterschiedlichen kindlichen Reaktion auf diese Stresssituation ist das Verhalten der Eltern, das heißt

der Grad der Feinfühligkeit, mit der sie im Allgemeinen die kindlichen Signale beantworten.

Eltern sicher gebundener Kinder (Typ B) sind für diese verfügbar, sie reagieren liebevoll und angemessen auf das Kind. Sie geben ihm Schutz, Trost und Hilfe, wenn es dies braucht.

Kinder des unsicher-ambivalenten Bindungstyps (Typ C) haben erfahren, dass ihre Eltern in manchen Situationen zugänglich und hilfsbereit waren, in anderen jedoch nicht. Wann die Eltern für das Kind da sind und wann nicht, ist für das Kind nicht vorhersehbar. Daher neigen diese Kinder verstärkt zu Trennungsängsten, wissen sie doch nie ganz genau, ob ihre Eltern auch später wieder verfügbar sein werden.

Stellt die offene Zurückweisung, die Ablehnung des Kindes, wenn es Schutz, Nähe und Trost braucht, eine Grundhaltung in der Eltern-Kind-Beziehung dar, führt sie zur unsicher-vermeidenden Bindung (Typ A). Kein Wunder, wenn diese Kinder ihre Eltern aktiv ablehnen; schließlich entspricht dies ihren eigenen Erfahrungen.

Die weitaus größte Anzahl der untersuchten Kinder erwies sich allerdings als sicher gebunden. Ständig wechselndes Verhalten der Eltern, wie es den unsicher-ambivalenten Bindungstyp ausmacht, oder die direkte Zurückweisung des Kindes kommen in einer Eltern-Kind-Beziehung eher selten vor.

Patricia McKinsey Crittenden (1993) hat in Anlehnung und Ausweitung der Bindungstheorie von Bowlby und Ainsworth einen Ansatz entwickelt, der gerade im Hinblick auf mögliche Alternativen im Umgang mit der Emotion „Ärger" interessant ist.

In Abhängigkeit von der Intensität der Eltern-Bindung übernehmen Kinder bestimmte Formen des Umgangs mit Ärger.

Danach erfahren Kinder des Bindungstyps A (vermeidende Bindung), dass ihre Eltern – in erster Linie die Mutter – verärgert und mit deutlicher Zurückweisung reagieren, wenn sie zu emotionsgeladen nach ihrer Nähe verlangen. Dies hat zur Folge, dass die Hemmung affektiver, das heißt gefühlsbetonter, Signale für diese Kinder den vorhersagbaren Effekt hat, mütterliche Zurückweisung und mütterlichen Ärger zu reduzieren. Kinder dieses Bindungstyps verinnerlichen daher, dass der Ausdruck von Ärger weitest gehend unterdrückt werden muss, da das deutliche Zeigen der Ärgergefühle für sie kontraproduktiv ist.

Im Gegensatz dazu erhalten nach Crittenden Kinder des Bindungstyps C (ambivalent gebundene Kinder) auf ihre affektiven Signale höchst unterschiedliche Reaktionen der Eltern. Kinder des ambivalenten Bindungstyps können demnach das Verhalten ihrer Eltern nicht voraussehen. Auf deutlich gezeigten Ärger reagieren diese manchmal mit Ablehnung, manchmal aber auch mit Zuwendung. Entgegen dem Wunsch der Eltern führt dieses Verhalten allerdings zu einer deutlichen Verstärkung kindlichen Ärgerausdrucks, nach dem Motto: „Man weiß ja nie, vielleicht gibt es dieses Mal ja Zuwendung und Aufmerksamkeit, wenn ich ärgerlich bin und tobe."

Sicher gebundene Kinder (Typ B) haben dagegen durch das feinfühlige, konsistente Verhalten ihrer Mütter/Väter im Umgang mit den kognitiven *und* affektiven Signalen ihrer Kinder gelernt, dass sowohl emotionale als auch kognitive Signale eine wertvolle, interpretierbare Kommunikationsmöglichkeit darstellen. Kinder dieses Bindungstyps sind daher in der Lage, sowohl affektive als auch kognitive Kommunikationsprozesse zu nutzen. Ihnen ist es daher auch möglich, ihrem Ärgergefühl adäquat Ausdruck zu verleihen, müssen sie diese Emotion doch weder unterdrücken noch verstärken, um elterliche Zuwendung zu bekommen.

In Bezug auf den Umgang mit der Emotion „Ärger" kommt Crittenden zu dem Ergebnis, dass

- Kinder des unsicher-ambivalenten Bindungstyps dazu tendieren, eine erzwingende Strategie zu benutzen, die darauf basiert, Ärger sehr deutlich und heftig zu zeigen, da sie auf diese Weise gewiss sein können, die elterliche Aufmerksamkeit für sich zu gewinnen.
- Kinder mit unsicher vermeidender Bindung (Typ A) dagegen bei zu deutlich gezeigtem Ärger ihrerseits elterlichen Ärger und eine klare Zurückweisung erwarten. Konsequenterweise haben sie daher gelernt, den Ausdruck ihres Är-

gergefühls weitest möglich zu reduzieren. Oft sind sie bemüht, besänftigend auf die sich ärgernden Eltern einzuwirken, ihnen möglichst alles recht zu machen, um so Konflikte zu vermeiden.

Nur sicher gebundene Kinder können Ärger produktiv nutzen.

Crittenden kommt daher zu dem Schluss, dass nur sicher gebundene Kinder die kommunikativen Chancen der Ärgeremotion für Beziehungen nutzen können.

Dagegen ist dies sowohl für unsicher-vermeidend gebundene Kinder (Typ A) als auch für ambivalent gebundene Kinder (Typ C) nicht möglich.

Das beziehungsrelevante Potenzial der Emotion „Ärger" als Signal für wichtige Themen kann von ambivalent gebundenen Kindern wenig genutzt werden, erfüllt der Ausdruck von Ärger für diese Kinder doch in erster Linie die Funktion, die Aufmerksamkeit der Bezugsperson auf sich zu lenken. Den eigenen Wünschen und Bedürfnissen soll Gehör verschafft werden, die eigentliche Ursache des Ärgerempfindens, und damit die Beziehungsqualität an sich, kann so nicht zum Thema werden. Die sozialen Signalfunktionen des Ärgers können nicht nutzbar gemacht werden, weil das eigene Verhalten im Vordergrund steht.

Für Kinder mit vermeidender Bindung ist die kommunikative Seite der Emotion ebenso schwer zugänglich, stellt für sie der Ausdruck von Ärger doch eher eine Bedrohung des ohnehin zerbrechlichen Beziehungsgeflechts dar, eine Bedrohung, der es aus Sicht dieser Kinder eher durch Anpassung und durch Besänftigung und nicht durch den Ausdruck der Kritik am Verhalten anderer zu begegnen gilt. Schließlich muss aus ihrer Sicht die Beziehung zu den Eltern geschützt werden.

> Die Bindungstheorie zeigt klar und deutlich, dass die elterliche Feinfühligkeit im Umgang mit ihrem Kind, ihre Fähigkeit, die kindlichen Bedürfnisse zu verstehen und angemessen mit ihnen umzugehen, über die Qualität der Bindung zwischen Eltern und Kind entscheidet.

Dies bedeutet nicht, dass Eltern den kindlichen Wünschen in allem nachgeben sollen; es zeigt aber auch, dass man die Bedürfnisse des Kindes nicht ignorieren darf.

Für den Umgang mit dem kindlichen Ärger bedeutet dies wiederum, dass Kinder nicht lernen sollen, ihren Ärger und ihre Wut unterdrücken zu müssen, um der elterlichen Verärgerung aus dem Weg zu gehen. Ebenso wenig aber sollen sie Zornesausbrüche als Mittel zur Erreichung ihrer Ziele benutzen (müssen).

Was können die Eltern tun?

In Situationen, in denen Eltern an ihre pädagogischen Grenzen stoßen, brauchen sie Antworten, die konkrete Hilfe bieten, um eine Eskalation des Ärgerns zu verhindern. Denn der kindliche Wutausbruch führt nicht selten zu elterlichem Ärger, der wiederum die Verzweiflung und die Wut des Kindes vergrößern kann.

Was können Eltern tun, wenn das Kind in seinem Wutausbruch kein Maß und Ziel kennt?

Was können Eltern tun, wenn die Zornesausbrüche des Kleinen sie selbst ärgerlich, aber auch hilflos machen?

Wie sollen sich Eltern verhalten, wenn sich andere über das aggressive Verhalten des Kindes beschweren?

Wenn Eltern verschiedene Handlungsalternativen bewusst einsetzen können, gelingt es, viele Wutsituationen produktiv zu meistern.

91

Diese und ähnliche Fragen bewegen nahezu alle Eltern angesichts ihres vor Wut und Ärger tobenden Kleinkindes.

Wie aber kann man dem Kind helfen, besser mit seinem Ärger umzugehen?

Wie können Eltern besser mit den Wutausbrüchen umgehen?

Wie können sie sich und den Rest der Familie vor derartigen Ausbrüchen schützen und den Familienfrieden zumindest halbwegs sichern?

Bewährt haben sich im Umgang mit einem kleinen Wüterich ein überlegtes Handeln, ausgehend von zwei unterschiedlichen Strategien:

Kurzzeitstrategien

Anregungen und Tipps in diesem Strategiefeld sollen Ihnen und Ihrem Kind helfen, in der konkreten Ärgersituation Lösungswege zu finden. Ziel der Kurzzeitstrategien ist es dabei, die weitere Eskalation der Situation zu verhindern. Dazu werden Handlungsalternativen an die Hand gegeben, die es Ihnen und Ihrem Kind leichter machen, mit dieser schwierigen Phase fertig zu werden.

In der konkreten Wutsituation muss konsequent und rasch gehandelt werden.

Drei Strategiealternativen werden dabei vorgestellt:

- *Die Notwendigkeit, sinnvolle Grenzen zu setzen*
  Die Erkenntnis, dass Kinder Grenzen brauchen, setzt sich heute weit gehend durch. Diesem Gedanken soll ein weiterer hinzugefügt werden: Auch Erwachsene brauchen Grenzen und brauchen Klarheit. Denn auch sie können nicht jeden Tag alle Spielregeln neu erfinden. Sie können nicht jeden Tag komplett neu strukturieren. Klare Strukturen schaffen Raum für Entwicklungen.
- *Die Auszeitmethode*
  Ziel dieser Vorgehensweise ist die Deeskalation durch eine bewusste Unterbrechung des sonst üblichen Handlungsablaufs. Dieser „break" macht es allen Beteiligten möglich, zur Besinnung zu kommen.
- *Entspannungstechniken für die Eltern, die helfen können, Kraft und Ruhe zu finden*

Langzeitstrategien

Den verschiedenen Methoden dieses Strategiefelds liegt die Frage zugrunde, wie man Kindern langfristig helfen kann, soziale und emotionale Kompetenz zu erwerben:

Wie können die vorhandenen Handlungsspielräume der Kinder genutzt und ausgeweitet werden?

Wie lernen Kinder, künftig andere Wege zum Ausdruck ihrer Wut zu nutzen?

Drei methodische Zugänge sollen hierbei vorgestellt werden.

- Der erste und wichtigste Ansatz beschäftigt sich nicht mit dem kindlichen Ärgerverhalten, sondern mit dem Ausdrucksrepertoire, das Erwachsene wählen. Wie gehen wir, wie gehen Sie mit Ihrem Ärger um? Der Umgang mit dem eigenen Ärger wirft ein interessantes Licht auf das kindliche Ärgerverhalten.

- Der zweite Ansatz geht von der Erkenntnis aus, dass Kinder von Vorbildern lernen. Sie imitieren mit ihrem Verhalten gern die Personen, die ihnen besonders wichtig sind. Vorbilder dieser Art können sowohl aus dem Fernsehen, aus Filmen, aber auch aus Büchern, Comics und nicht zuletzt aus dem wahren Leben stammen. Nicht jedes Vorbild eignet sich jedoch gleichermaßen als Modell, auch hier sind die Eltern in ihrem Verhalten gefragt.

- Im dritten Zugang werden Möglichkeiten vorgestellt, wie das Ärgerausdrucksverhalten spielerisch erweitert werden kann. Dieser Ansatz ist besonders wichtig, denn gerade im Spiel bietet sich die Möglichkeit, ohne den wenig geschätzten mahnenden Zeigefinger Handlungsalternativen kennen zu lernen und eigene Fähigkeiten ausprobieren zu können.

Kurzzeitstrategien – wenn die Situation eskaliert

*Bei einem Wutanfall gilt es, besonnen zu reagieren.
Keinesfalls dürfen sich die Eltern in den Ärger
hineinziehen lassen. Einfache Maßnahmen, konsequent umgesetzt, helfen dem Kind, Grenzen
zu erkennen und selbst zur Besinnung zu finden.*

Grenzen setzen – wann und wie?

Zu viele Grenzen hemmen die Entwicklung des Kindes.

Viele Eltern empfinden es bei der Erziehung ihres Kindes besonders nervenaufreibend, dem kindlichen Tun und Wollen so oft ein Nein entgegensetzen zu müssen. Immer wieder, so scheint es, testet das Kind, ob das Nein von vorhin auch nach fünf oder zehn Minuten noch seine Gültigkeit besitzt. Mit jedem erneuten Nein wächst nicht nur der elterliche Ärger, es wächst leider auch die Tendenz, nun doch dem kindlichen Streben nachzugeben, das Nein in ein „Na ja, ausnahmsweise" umzuwandeln.

Kinder prüfen beständig die Gültigkeit der ihnen gesetzten Grenzen und stellen damit auch die Konsequenz der Erziehenden auf den Prüfstand. Leider ist es oft so, dass ein Ja ausnahmsweise zwar die aktuelle Situation entspannt, aber im Folgenden zu immer wieder neuen Versuchen führt, eine erneute Ausnahmeregelung durchzusetzen. Und damit beginnt das Spiel von vorn.

Auf der anderen Seite bremsen zu viele, zu starre und/oder willkürliche Grenzen die kindliche Entwicklung. Sie behindern die kindliche Entdeckerlust, denn wenn alles ohnehin verboten ist und zu Sanktionen führt, ist es schon besser, möglichst wenig Risiko einzugehen. Starre und rigide Grenzen fördern damit auch Angst und Unselbstständigkeit bei Kindern.

Wie so oft in der Erziehung gilt es also auch hier, einen Mittelweg zwischen Zuviel und Zuwenig zu finden.

> Grundsätzlich gilt jedoch:
> Kinder brauchen Grenzen (Erwachsene auch).
> Grenzen müssen alters- und entwicklungsgemäß sein.
> Grenzen müssen sinnvoll und klar sein.
> Grenzen müssen klar beschrieben und erklärt werden.

Was bedeutet dies?

Im menschlichen Miteinander sind Regeln unerlässlich. Regeln definieren, welches Handeln erlaubt, welches Handeln unangemessen und unerwünscht und welches Handeln verboten ist.

Grenzen orientieren sich an den Regeln des menschlichen Miteinanders.

Sie beschreiben damit die Grenzen des erlaubten Handelns.

Damit Regeln funktionieren können, müssen sie transparent und verständlich sein, sie müssen aber auch umgesetzt werden, das heißt, Verstöße gegen die klar vereinbarten Regeln, also Grenzüberschreitungen, müssen deutlich gemacht werden. Auf keinen Fall darf solches Tun belohnt werden, denn auf diese Art und Weise würde man das unerwünschte Verhalten nur noch verstärken.

Grenzen setzen bedeutet also immer auch, die Grenzen zu hüten und Grenzverletzungen zu benennen und zu ahnden.

Wenn Sie zum Beispiel das ewige Gemaule und Gemeckere beim Einkauf stört und Sie eigentlich nicht wollen, dass es beim Einkaufen jedes Mal Diskussionen gibt, ob und wenn ja, welche Süßigkeiten gekauft werden, so wird Ihr Kind diese Regel schwerlich akzeptieren, wenn es durch lautes und hartnäckiges Beharren seinen Wunsch nach Süßigkeiten regelmäßig durchzusetzen vermag.

Tipps

Regeln müssen dann aufgestellt und Grenzen dann definiert werden, wenn

- Gefahren von Leib und Leben abgewendet werden müssen,
- kindliches Lernen und kindliche Entwicklung ansonsten behindert würden,
- das Miteinander andernfalls nachhaltig gestört würde.

Aber:

- *Stellen Sie nicht zu viele Regeln auf.*

Definieren Sie nicht zu viele Grenzen, sonst sind Sie und Ihr Kind in Ihrem Tun zu stark reglementiert. Sie selbst nehmen sich dann die Freude an Ihrem Kind, da Sie wie eine Art Sheriff beständig bemüht sind, die Einhaltung der familiären Gesetze zu überwachen.

Regeln Sie in erster Linie das, was Ihnen wirklich wichtig ist. Manches mögliche „Fehlverhalten" des Kindes lässt sich vermeiden, wenn Gefahrenzonen rechtzeitig entschärft werden. Die teure Mingvase gehört nun einmal nicht in greifbare Kinderhandnähe.

- *Seien Sie konsequent.*

Regeln müssen klar definiert und konsequent eingehalten werden.

Konsequenz ist vor allem für die Erziehenden eine äußerst anstrengende Sache. Aber es lohnt sich, in Punkten, die Ihnen wirklich wichtig sind, konsequentes Verhalten zu zeigen. Deshalb ist es besser, nur wenige, wirklich wichtige Regelungen zu haben, die konsequent eingehalten werden, als ein komplexes Regelwerk, das nach Lust und Laune gehandhabt wird. Verletzt Ihr Kind eine bekannte Regel, benennen Sie dieses Fehlverhalten klar, und geben Sie ihm die Möglichkeit, sein Verhalten zu ändern. Nach einer erneuten Verwarnung machen Sie ihm die Konsequenzen seines Handelns deutlich klar: „Wenn du nicht damit aufhörst, dann …" Sollte das Kind in seinem Tun fortfahren, müssen Sie die von Ihnen angedrohte Konsequenz auch in die Tat umsetzen.

Drohen Sie also nur mit Konsequenzen, die Sie selbst auch wirklich bereit sind umzusetzen.

Eine mögliche Strategie, mit kindlichen Grenzüberschreitungen umzugehen, bietet die Auszeitmethode, die auf Seite 102 ff. erläutert wird.

- *Formulieren Sie die Regeln klar, eindeutig und altersgemäß.*
Zur Klarheit gehört auch, dass Sie es Ihrem Kind ganz eindeutig signalisieren, wenn es etwas falsch gemacht hat. Das

scheint so einfach und ist doch oft so schwer, denn wie oft stiehlt sich den Eltern angesichts ihres spitzbübisch grinsenden Kindes ein Lächeln auf die Lippen, das von einem „Nein, das darfst du nicht" begleitet wird. Für das Kind sind dies jedoch widersprüchliche Botschaften, hebt doch das freundliche Lächeln das verbale Verbot nahezu auf.

- *Erläutern Sie nicht bei jeder Grenzüberschreitung, warum Sie die Einhaltung dieser Regel für wichtig erachten.*
  Wenn Ihr Kind die Regel kennt und versteht, bedarf es keiner ausführlichen Diskussion über den Inhalt des Verbots und seine Sinnhaltigkeit.

- *Loben und belohnen Sie Ihr Kind, wenn es etwas richtig gemacht hat.*

Ein Lob wirkt oft Wunder!

Richten Sie Ihr Augenmerk nicht so sehr auf mögliches Fehlverhalten Ihres Kindes, sondern achten Sie einmal bewusst darauf, was Ihr Kind schon alles kann und wie gut es sich entwickelt hat. Positives Verhalten zu loben ist oft wichtiger als ständiges Reglementieren und Bestrafen. Wie oft sieht man vor lauter Grenzen nur noch Grenzverletzungen und würdigt kaum noch die positiven Seiten und die vielen guten Ansätze eines Kindes! Wenn Ihr Kind also zum Beispiel Mühe hat, ruhig und konzentriert zu spielen, ermahnen Sie es nicht ständig, doch endlich einmal ruhig zu sein. Schaffen Sie ihm vielmehr eine Atmosphäre, die zum ruhigen Spiel einlädt, und loben Sie es, wenn es positive Ansätze zeigt.

Die Auszeit: vom Sinn einer Pause

Bei Familie Müller hängt der Haussegen schief. Seit Wochen schon wurde den beiden Kindern Peter (sechs Jahre) und Michael (zweieinhalb Jahre) versprochen, an diesem Sonntag mit der ganzen Familie in den Zoo zu gehen. Endlich ist der ersehnte Sonntag da, das Wetter ist gut, und dennoch muss der geplante Zoobesuch verschoben werden.

Peter und Michael sind enttäuscht und zornig, sie werfen den Eltern immer wieder ihren Wortbruch vor; so lange, bis diese selbst höchst ärgerlich sind und das Gezeter mit deutlichen Worten unterbinden wollen.

Da platzt den Kindern der Kragen; beide gehen in das Kinderzimmer, holen ihre Kuscheltiere, packen ihren Rucksack und ziehen hinaus.

Sie gehen zu ihrem Baum, der am Rande des elterlichen Gartens steht, und dort in ihrer Baumhütte können sie nun nach Herzenslust über die Ungerechtigkeit der Welt im Allgemeinen und die Gemeinheit ihrer Eltern im Besonderen klagen. Nach nicht allzu langer Zeit wird die Klage jedoch von der Spiellust abgelöst, und die beiden Jungen spielen in ihrem Baumhaus.

Erst mal Distanz schaffen und zu sich kommen – eine Auszeit rettet viele Situationen.

Eine Auszeit – eine zeitlich begrenzte räumliche Distanz zwischen Kontrahenten – ist eine ausgesprochen wirksame und sinnvolle Methode, um eine Eskalation der Auseinandersetzung zu verhindern. Der Begriff „eine Auszeit nehmen" stammt ursprünglich aus dem Sport und bezeichnet eine strategische Spielunterbrechung, die dazu dient, die vorhandenen Kräfte der Spieler sinnvoll neu einzusetzen, ungünstige Spielphasen zu durchbrechen und neue strategische Anweisungen zu erhalten.

Und genau darum geht es im Grunde auch bei der Auszeitmethode. Zur Besinnung kommen, die Eskalation unterbrechen, die Möglichkeit schaffen, neue oder andere Wege einzuschlagen, um miteinander ein Ziel verhandeln zu können – dazu leistet diese Methode einen wichtigen Beitrag.

Ohne es auch nur zu ahnen, haben die beiden Jungen im obigen Beispiel diese Methode eingesetzt, um ihrem Ärger

Herr zu werden. Gleichzeitig haben sie damit auch ihren Eltern die Möglichkeit gegeben, erst einmal tief durchzuatmen und nach Lösungen des Konflikts zu suchen.

Wirksam ist die Auszeitmethode sowohl bei Kindern – für diese wurde sie als Erziehungsmethode in erster Linie konzipiert –, aber auch Erwachsenen bietet eine Auszeit, das heißt eine Unterbrechung des Alltagsgeschehens, immer wieder eine wichtige und hilfreiche Möglichkeit, zu sich zu kommen.

Im Folgenden werden daher diese zwei Aspekte der Auszeitmethode unterschieden.

Eine Auszeit für das Kind

*Die Auszeit-
methode hilft
besonders Klein-
kindern, Gefühle
kontrollieren zu
lernen.*

Studien konnten zeigen, dass Kinder mit zunehmendem Alter mehr und mehr in der Lage sind, die Strategie des Distanzierens vom Ärgerkontrahenten einzusetzen, um den Streit nicht ausufern zu lassen.

Kleinere Kinder, insbesondere die Zwei- bis Dreijährigen, sind ohne die Hilfe der Erwachsenen zu dieser Form der Ärgerregulierung noch nicht in der Lage. Die Auszeitmethode mit ihren klaren Regeln stellt daher besonders für diese Altersgruppe ein Hilfsmittel dar, um überbordende Ärgergefühle kontrollieren zu lernen.

Wie funktioniert diese Methode?
In der Grundstruktur geht es darum, dem Kind die Möglichkeit zu geben, ruhiger zu werden, zur Besinnung zu kommen, den Streit zu unterbrechen. Daher ist es sinnvoll, die Auszeit des Kindes an einem Ort stattfinden zu lassen, der diese Ruhe ermöglicht. Dies kann ein Stuhl oder Sessel in einem ruhigen Ort in der Wohnung sein, zum Beispiel im Flur oder an einem anderen ruhigen, möglichst abwechslungsarmen Raum. Nicht geeignet ist das Kinderzimmer mit seinen meist zahlreichen Spielangeboten.

Die Dauer der Auszeit sollte eindeutig und für beide Seiten nachvollziehbar geregelt sein. Diese Regelung kann auf verschiedene Weise erfolgen:

Die Wecker-Methode
Sie stellen auf einem Wecker die Auszeitdauer für das Kind ein. Wenn der Wecker klingelt, ist die Auszeit beendet. Dabei gilt in etwa die Grundregel, dass pro Lebensjahr eine Minute Auszeit angesetzt wird. Eine längere Auszeit ist nicht sinnvoll und in der Regel auch nicht zumutbar. Zwei Minuten mö-

gen für Erwachsene kurz erscheinen, doch zwei Minuten tatsächlicher Ruhe sind bei einem Zweijährigen schon ein großer Erfolg. Es ist besser, kleine Ziele zu stecken, die erreichbar sind, als hohe Ziele, an denen die Kleinen scheitern. Aber natürlich steht es jedem frei, die Auszeit individuell der Situation und dem Kind anzupassen.

Willkürliche Beendigung der Auszeit
Dabei beenden Sie die Auszeit nach eigenem Ermessen. Diese Vorgehensweise ist nicht empfehlenswert, da dem Kind von vornherein ein fester Rahmen vermittelt werden soll und immer die gleichen Regeln angewandt werden sollen. Dieses Verfahren ist für das Kind wenig transparent und hat daher einen zu stark strafenden Charakter. In der Regel sind auch die Eltern zu erregt, um in jedem Fall ein kindgerechtes Zeitmaß finden zu können.

Das Kind bestimmt die Dauer der Auszeit selbst
Sie räumen dem Kind die Möglichkeit ein, selbst zu bestimmen, wann es sich so weit beruhigt hat, dass ein gemeinsamer Neuanfang möglich wird. Dieser Weg empfiehlt sich in erster Linie bei älteren Kindern. Kleinere sind hier oft noch überfordert.

Zur Durchführung der Auszeitmethode
Wenn Ihr Kind ein ihm bekanntes Verbot verletzt hat, geben Sie ihm zweimal die Chance, sein Verhalten zu verändern, etwa indem Sie es bitten, seine Handlungsweise unverzüglich zu beenden.

Bleiben diese Ermahnungen ohne Erfolg, geben Sie ihm statt weiterer Ermahnungen eine Auszeit.

Sagen Sie Ihrem Kind klar, deutlich und bestimmt, dass und warum es jetzt eine Auszeit nehmen soll. Erläutern Sie nöti-

Die Auszeit ist keine Strafe, sondern eine Chance, zur Besinnung zu finden.

genfalls noch einmal kurz, was diese Maßnahme bedeutet. Zum Beispiel:

Max, du nimmst jetzt besser eine Auszeit, weil du Lena gebissen hast. Du setzt dich zwei Minuten lang ruhig auf den Sessel. Wenn der Wecker klingelt, darfst du wieder aufstehen.

Wichtig:

Sprechen Sie Ihr Kind während der Auszeit nicht an.

Schimpfen und lamentieren Sie nicht mit Ihrem Kind; geben Sie ihm ruhig und bestimmt die Chance, sich zu beruhigen.

Ihr Kind soll während der Auszeit wirklich die Möglichkeit haben und nutzen können, zur Ruhe zu kommen. Deshalb muss der Auszeitstuhl an einem ruhigen Platz in der Wohnung stehen.

Drohen Sie niemals mit der Auszeit als Strafe, denn die Auszeit soll eine Chance, keine Strafe, darstellen.

Verhängen Sie die Auszeit immer sofort im Anschluss an das zu sanktionierende Verhalten. Aufgeschobene Auszeiten sind wirkungslos und verfehlen ihren Sinn, dem Kind in der Ärgersituation die Chance zur Besinnung zu geben.

Im Anschluss an die Auszeit sollten Sie Ihrem Kind die Möglichkeit zu einem gemeinsamen Neuanfang geben.

Da die Auszeitmethode sofort angewandt werden muss und eine ruhige Rückzugsmöglichkeit erfordert, eignet sie sich im Wesentlichen für das häusliche Umfeld. Bei Wutausbrüchen im Supermarkt oder auf der Straße kann sie nur schwer umgesetzt werden.

Eine Auszeit für die Eltern

Auch Eltern benötigen gelegentlich eine Auszeit. Jeder Mensch braucht ab und zu einmal eine Verschnaufpause. Wohl alle Mütter und Väter kennen Zeiten, in denen die Belastungen so groß sind, dass das Nervenkostüm rapide dünner wird und schon eine Kleinigkeit sie auf die Palme bringen könnte.

Wenn die Nerven bloß liegen, ist es für die Eltern das Beste, eine Auszeit zu nehmen.

> Wenn Sie feststellen, dass die Anspannung zu groß wird, dass Sie nicht mehr in der Lage sind, kleine Probleme mit der gewohnten Ruhe zu lösen, ja dass Ihnen vielleicht sogar ab und zu die Hand ausrutscht, spätestens dann brauchen Sie eine Auszeit.

Nehmen Sie sich ein paar Stunden Zeit nur für sich. Gehen Sie in die Stadt, um in Ruhe einzukaufen oder Kaffee zu trinken. Treffen Sie sich allein, ohne Kinder, mit Ihrer Freundin, machen Sie einen ausgiebigen Spaziergang oder gehen Sie schwimmen – was immer Ihnen Spaß macht. Sie haben es sich verdient.

Und wer nimmt die Kinder, während Sie sich eine Auszeit gönnen? Vielleicht haben Sie eine Freundin, mit der Sie abwechselnd die Kinder hüten. Auch ein Babysitter ist ab und an eine sehr lohnende Investition. Vielleicht können Sie auch mit Ihrem Partner regelmäßige Auszeiten für sich absprechen. Oft sind ja bereits zwei freie Stunden in der Woche ein wahrer Segen fürs Gemüt. Gönnen Sie sich ein wenig freie Zeit für sich ganz allein, und geben Sie auch Ihrem Partner die Möglichkeit mal auszuspannen.

Informieren Sie sich auch über staatliche und private Betreuungsangebote für Ihre Kinder, vom Babysitterservice bis zur Tagesmutter, von der Kindertagesstätte bis zum Großmütterdienst.

Nutzen Sie diese Angebote.

Scheuen Sie auch nicht davor zurück, eine Beratungsstelle aufzusuchen, um sich weitere Tipps und Ratschläge zu holen. Außenstehende sehen Ihnen möglicherweise Ihre Belastung gar nicht an: Sprechen Sie daher mit Menschen Ihres Vertrauens offen über Ihre Situation, und bitten Sie auch konkret um Hilfe.

In der Ruhe liegt die Kraft

In der Ärger-situation gilt für die Eltern: erst mal tief durchatmen und auf drei zählen.

Ein wahrer Spruch. Doch Weisheiten oder Ermahnungen dieser oder ähnlicher Art helfen wenig, wenn physische oder psychische Belastungen an den Kräften zerren.

Selbstverständlich gilt auch im pädagogischen Kontext, dass es immer besser ist, mit Ruhe und Geduld zu agieren. Natürlich sollte man auf die Wutausbrüche eines Kleinkindes nicht mit Wut und Verärgerung reagieren. Die meisten Eltern haben es vermutlich längst selbst erfahren, dass sie kindlichen Ärger nicht dämpfen, indem sie selbst ärgerlich werden. Es muss daher kaum begründet werden, warum es sinnvoll ist, Ruhe zu bewahren; es stellt sich vielmehr die Frage: Woher nehme ich die Kraft zur Ruhe?

Tipps

- Wenn Ihr Kind Sie in einen Machtkampf verwickelt oder wenn Sie das Gefühl haben, gleich aus der Haut zu fahren, atmen Sie erst einmal tief durch. Zählen Sie, bevor Sie reagieren, langsam 21, 22, 23, und atmen Sie dann bewusst lange aus.

- Wenn dies nicht ausreicht, um sich selbst so weit zu beruhigen, dass Sie zu einer angemessenen Reaktion fähig sind, schicken Sie Ihr Kind erst einmal in sein Zimmer. Sie können dies durchaus mit der Notwendigkeit begründen, dass Sie sich erst einmal beruhigen wollen, da Sie ansonsten explodieren würden. Drohen Sie bitte nicht mit dem später nach Hause kommenden Vater, der das Kind dann bestrafen wird. Sowohl für den Vater als auch für das Kind ist diese Drohung von Schaden.
- Auf den Nutzen einer Auszeit für Sie als Eltern wurde bereits hingewiesen. Manchmal genügt auch schon ein ausgedehnter Spaziergang, um durchzuatmen und Abstand zu gewinnen.
- Musik ist eine Quelle der Entspannung. Schmettern Sie selbst einmal laut und hemmungslos ein Lied, oder hören Sie ruhige, harmonische Musik. Klassische Musik ist zum Entspannen wunderbar; es gibt aber auch spezielle Entspannungsmusik auf CDs.

Entspannungstechniken

Das Erlernen einer Entspannungstechnik bietet eine wunderbare Möglichkeit, jederzeit zur Ruhe finden zu können. Angebote gibt es zum Beispiel bei den Volkshochschulen. Das Kursangebot an verschiedenen Entspannungstechniken ist groß, so dass jeder die für ihn geeignete Methode finden kann.

Je entspannter die Eltern sind, umso lockerer können sie mit ihrem kleinen Wüterich umgehen.

Autogenes Training

Das Ziel des autogenen Trainings besteht darin, sich selbst so beeinflussen zu lernen, dass eine bewusste Entspannung jederzeit möglich wird. Durch systematische, sich in ihrem Schwierigkeitsgrad langsam steigernde Konzentrationsübungen wird die Fähigkeit zur Beeinflussung und Kontrolle des Körpers trainiert.

Yoga

Ursprünglich war Yoga ein Weg, der über die Entspannung und durch die Unterdrückung bewusster Körperfunktionen transzendentale Erfahrungen ermöglichen sollte. Höhere Weisheiten zu erlangen steht in heutigen Yoga-Kursen jedoch nicht mehr im Mittelpunkt. Ihres religiösen Kerngehaltes entkleidet, vermitteln Yoga-Kurse Entspannungstechniken durch bewusste Körperhaltungen.

Progressive Muskelentspannung nach Jacobson

Dieses Trainingsprogramm zielt auf die bewusste Entspannung verkrampfter Muskeln. Man lernt dabei, gezielt bestimmte Muskelgruppen zu entspannen, um so schließlich den ganzen Körper entspannen zu können. Über die bewusste Anspannung und Entspannung einzelner Muskeln soll hier die geistige Entspannung erreicht werden.

Eine typische Anweisung der progressiven Muskelentspannungstherapie lautet zum Beispiel: Schließen Sie jetzt Ihre rechte Hand zur Faust (drei Sekunden lang), und achten Sie auf die Spannung in Ihrem Unterarm und in der Hand. Nun lassen Sie Hand und Unterarm locker, ganz locker (drei Sekunden lang). Achten Sie darauf, wie sich der Muskel Ihrer Hand und Ihres Unterarmes allmählich immer mehr entspannt.

> Nutzen Sie jede Möglichkeit zur Entspannung, und lernen Sie, sich bewusst zu entspannen. Denn je entspannter Sie sind, umso gelöster wird auch Ihr Kind mit dieser für alle anstrengenden Entwicklungsphase umgehen lernen.

Langzeitstrategien –
anders handeln lernen

*Das Kind soll lernen, konstruktiv mit seinem Ärger um-
zugehen. Das geschieht nicht von heute auf morgen.
Positive Verhaltensmuster erwirbt es vielmehr im Laufe
der Zeit über das elterliche Vorbildverhalten, aber auch
durch die Erfahrung, welche Reaktionen ihm hilfreich
sind und welche weiteren Ärger nach sich ziehen.*

Vom Umgang mit dem eigenen Ärger

Eine interessante Situation auf dem Spielplatz:

Was Eltern ihrem Kind sagen, muss mit dem übereinstimmen, was sie tun.

Zwei Kinder geraten in einen kurzen Streit um eine Sandschaufel. Der Besitzer der Schaufel ist verärgert über den kurzfristigen Verlust seines Besitzes, er schubst den Kontrahenten und beschimpft ihn heftig. Da greift der Vater des Schaufeleigentümers ein, gibt ihm einen Klaps auf den Po und donnert mit erhobener Stimme: „Hör gefälligst auf zu brüllen und zu schubsen. Du sollst andere Kinder verdammt noch mal nicht beschimpfen. Und verwende keine Ausdrücke."

Die Botschaften, die dieser verärgerte Vater seinem Filius gibt, sind für den Kleinen höchst widersprüchlich. Auch wenn der Vater sein Kind in bester Erziehungsabsicht ermahnt, sozial unverträgliche Verhaltensweisen zu unterlassen, so signalisiert sein eigenes Verhalten doch etwas ganz anderes.

Erinnern wir uns kurz an die Übersicht der Ärgerreaktionsmöglichkeiten auf Seite 65. Danach wäre das Verhalten des Vaters auf dem Spielplatz in die Kategorien: körperliche Aggression (Klaps auf den Po) und verbale Aggressionen (schimpfen, Ausdrücke verwenden) einzuordnen. Würde man den gleichen Vater fragen, inwieweit er es erstrebenswert fände, dass sein Sohn dieses Verhalten zeigt, so würde man wohl eine eher ablehnende Antwort bekommen.

Und genau hier liegt ein Teil des Problems. Denn die meisten Eltern erfüllen bisweilen ihre eigenen Erziehungsideale nicht. Jedem fällt es oft schwer, mit Ärger konstruktiv umzugehen.

Das elterliche Handeln hat aber in vielfacher Hinsicht Vorbildfunktion für ihr Kind, denn Kinder lernen unzählige Dinge und Verhaltensmuster durch Beobachten. Die Eltern sind dabei ein besonders wichtiges Modell für ihr Kind. Im Umgang mit seinem kindlichen Ärgergefühl kopiert das Kleinkind zum Teil das von ihm beobachtete Verhalten der Erwachsenen. Bieten sich ihm in seinen Modellen also keine Handlungsmuster, die mit Ärger und Wut konstruktiv umgehen, so ist das Erlernen dieser Verhaltensweisen für das Kind erschwert.

Verbale Hinweise allein helfen dem Kind dabei wenig; was nützt es dem Kind, wenn es immer wieder hört, es solle nicht schimpfen und nicht schlagen, es aber gerade diese Verhaltensweisen bei den Menschen in seiner Umgebung beobachtet? Schwierig wird es vor allem dann, wenn das Kind sieht, dass diese Handlungsmuster bei anderen durchaus erfolgreich sind.

Was soll ich denn tun, wenn ich ganz wütend bin – diese Frage scheint in manchen Kinderköpfen zu kreisen.

Es kommt auch immer wieder vor, dass ein Kind, das das Verhalten seiner Eltern, der Großeltern oder anderer vertrauter Personen nahezu perfekt imitiert, große Lacherfolge bei den Erwachsenen erntet. Es sieht ja auch wirklich niedlich aus, wenn so ein kleiner Zwerg mit den Füßen aufstampft, die Hände in die noch nicht vorhandenen Hüften stützt und ein grimmiges Gesicht aufsetzt, ganz so, wie es die Oma immer macht, wenn sie wütend ist.

Solange diese Ärgerreaktionen im Rahmen der sozial verträglichen und in Ihrer Familie geltenden Grenzen verlaufen, ist dagegen nichts einzuwenden.

Handlungsmuster, die Sie jedoch nicht für wünschenswert erachten, sollten Sie auch nicht verstärken. Das bedeutet auch, dass Sie Ihre eigenen Ärgerreaktionen kritisch hinterfragen müssen. Denn wenn Kinder lernen sollen, ruhiger und gelassener, konstruktiver und friedfertiger mit ihrer Wut umzugehen, so bleibt auch den Eltern nichts anderes übrig, als ihr eigenes Temperament zügeln zu lernen. Denn gerade für diese sozial verträglichen Ärgerausdrucksmöglichkeiten benötigt ein Kind das elterliche Vorbild.

Die Selbstbeobachtung

Kommen Ihnen die Ärgerreaktionen Ihres Kindes manchmal sehr vertraut vor? Dann beobachten Sie sich selbst einmal etwas genauer: Wie gehen Sie mit Ihrem Ärger um? Welche Reaktionsmöglichkeit wählen Sie? Wovon ist Ihre Wahl abhängig?

Vielleicht neigen auch Sie dazu, mit steigendem Intensitätsgrad des Ärgergefühls antagonistische, also feindliche Ärgerreaktionen zu wählen.

Wenn Sie also leicht aus der Haut fahren, wenn Sie dazu neigen, Ihren Kontrahenten zu beschimpfen, so machen Sie zwar Ihrem Ärger etwas Luft, konstruktiv ist dieses Verhalten jedoch nicht.

Haben Ihre Selbstbeobachtungen tatsächlich ähnliche Reaktionsmuster bei Ihnen und Ihrem Kind aufgedeckt, und zwar Reaktionsweisen, die Sie wenig hilfreich finden, so müssen Sie selbst lernen, sich zu mäßigen, und versuchen, andere, konstruktivere Wege einzuschlagen, um mit Ihrem eigenen Ärgergefühl umzugehen. Wenn Sie auf diese Weise Ihrem Kind Verhaltensalternativen bieten, wird es ihm viel leichter fallen, neue Handlungsmuster auszuprobieren.

Von Vorbildern lernen

Kinder haben ganz unterschiedliche Vorbilder: den Freund, einen Helden aus dem Fernsehen oder die Eltern.

Alle Eltern, deren Kinder seit kurzem in den Kindergarten gehen, machen diese leidvolle Erfahrung: Plötzlich taucht bei den Kleinen ein Wortschatz auf, der die Eltern entsetzt. Alles und jeder wird nun mit Ausdrücken belegt. Sprache wird zum Experimentierfeld, gerade auch im Hinblick auf mögliche provozierte Elternreaktionen. Neben dieser neuen Sprachvielfalt eignen sich die Kinder auch Verhaltensweisen an, die man bisher kaum an ihnen kannte. Da geht es dann plötzlich viel rauer und ungebärdiger zu als vorher. Neben der zum Teil altersbedingten Experimentierfreude in Bezug auf unterschiedliche Verhaltensmuster kopieren Kinder nun zunehmend Menschen, die sie beeindrucken. Und das sind nicht nur die Eltern. Es kann ein größeres Kind im Kindergarten sein, es kann aber auch durchaus ein Vorbild aus Film und Fernsehen sein.

In den 60er-Jahren führte eine Forschergruppe ein interessantes Experiment zum Thema Modell-Lernen durch. In diesem Experiment wurden Kinder im Vorschulalter zu Beginn der Untersuchung zunächst in maßvoller Weise frustriert. Anschließend schauten diese Kinder einem Erwachsenen zu, der mit einem Stoffclown hantierte.

Ein Teil der Kinder sah, wie der Erwachsene ruhig und angemessen mit dem Spielzeug spielte. Ein anderer Teil sah jedoch, wie der Erwachsene feindselig und aggressiv mit dem Clown umging, ihn zum Beispiel beschimpfte und Ähnliches.

Später spielten die Kinder gemeinsam mit diesem Erwachsenen in dem Spielzimmer, das sie vorher beobachtet hatten.

Und was geschah?

Es war eindeutig: Die Kinder, die ein aggressives Verhalten des Erwachsenen beobachtet hatten, verhielten sich selbst ebenfalls aggressiv.

Am wenigsten aggressiv waren die Kinder, die gesehen hatten, dass der Erwachsene ruhig und konzentriert mit den Spielsachen gespielt hatte.

Die Kinder ahmten also mit ihrem Verhalten das Verhalten des Erwachsenen nach.

Bereits diese Tatsache ist bemerkens- und bedenkenswert, hinzu kommt jedoch noch ein weiterer Aspekt.

Natürlich gehörten gewisse aggressive Verhaltensweisen bereits zum Handlungsrepertoire der Kinder, die an dieser Studie teilnahmen. Die Kinder, die das aggressive Verhalten

113

des zuvor beobachteten Erwachsenen imitierten, verhielten sich nicht nur ähnlich aggressiv wie das Modell, sie zeigten auch andere aggressive Verhaltensweisen, die sie so nicht beobachtet haben konnten.

Dies bedeutet, dass das Beobachten eines aggressiven Modells bei Kindern geradezu enthemmend wirkt.

Plötzlich schien den Kindern alles erlaubt, nach dem Motto: Wenn der Erwachsene mit seinem Verhalten die Grenzen des Erlaubten übertritt, dann stehen alle Verhaltensregeln in Frage.

Wenn der beobachtete Erwachsene den Spielzeugclown beschimpfen kann, warum soll ich ihn dann nicht auch schlagen, schubsen und treten dürfen?

Dieses Experiment verdeutlicht in anschaulicher Weise, dass Kinder lernen, indem sie andere Menschen und ihr Verhalten beobachten und nachahmen.

Von besonderem Interesse sind dabei bislang unbekannte Menschen und deren Verhalten, da sie die kindliche Aufmerksamkeit besonders wecken.

Eltern sollten genau darauf achten, welche Vorbilder sich ihr Kind aussucht.

Nun können Eltern nur wenig beeinflussen, wen sich ihr Kind als Modell erwählt. Angesichts ständig zunehmender Gewaltszenen in Film und Fernsehen sollten Eltern allerdings genau darauf achten, was ihre Kinder zu sehen bekommen. Die ständig wachsende Anzahl von Kampfspielen etwa in Video- und Computerspielen bedarf dringend der sorgfältigen Kontrolle.

Besonders für Kinder ab dem Kindergartenalter können diese Spiele zum Problem werden. Denn bereits in dieser Altersgruppe existiert eine Art Gruppenzwang, der suggeriert: Wer nicht vollkommen out sein will, muss gerade die neuesten Spiele sowie die Filme für die Älteren kennen. Daher ist es dringend erforderlich, bereits bei den ganz Kleinen die Weichen richtig zu stellen, um späterem Missbrauch zu wehren.

Stärken Sie das Selbstbewusstsein Ihres Kindes. Denn dieses Selbstbewusstsein braucht es unbedingt, wenn es dem Gruppendruck gewachsen sein will.

Tipps
- Versuchen Sie Ihrem Kind positive Vorbilder zu geben.
- Achten Sie genau darauf, was Ihr Kind im Fernsehen sieht. Gewaltfilme und Computerspiele, die Gewalt positiv verstärken, sind nichts für Kinder.
- Sprechen Sie mit Ihrem Kind über Verhaltensweisen, die es bei anderen beobachtet. Was ist gut am Verhalten der anderen, was ist nicht so gut?

Spielanregungen zum Umgang mit Ärger

Im Spiel erobern sich Kinder die Welt. Im Spiel ist es ihnen möglich, neue, unerprobte Verhaltensweisen zu üben. Im Spiel ist es ihnen erlaubt, in ganz neue Rollen zu schlüpfen, sich zu verkleiden, sich neu zu erfinden. Im Spiel, besonders im Rollenspiel, bietet sich Kindern die Möglichkeit, Erfahrungen und Erlebnisse zu verarbeiten.

Kinder brauchen daher ausreichend Raum zum Spiel.

Im Folgenden finden Sie noch einmal einige Spielanregungen zum Umgang mit der Emotion „Ärger". Es sind Spielideen, die vielfach erprobt wurden und die allen Mitspielern Spaß machen und das Handlungsrepertoire der Kinder bereichern.

Tipps
- Spielen Sie, wann immer Sie Zeit und Lust haben, mit Ihrem Kind. Geben Sie ihm Gelegenheit, mit anderen zu spielen. Es ist wichtig, dass Kinder spielerisch ihre Kräfte messen, siegen und auch verlieren lernen. Schalten Sie also mög-

lichst oft den Fernseher bewusst aus, und holen Sie die Spielesammlung hervor.

Brettspiele

Zu den schönsten Kindheitserinnerungen gehören für viele Menschen ausgedehnte Spielnachmittage in der Familie. Im Spiel gleichberechtigt, haben Große und Kleine die gleiche Chance zu gewinnen. Zum beliebtesten Spiel gehört in vielen Familien das Brettspiel „Mensch ärgere dich nicht".

Mensch ärgere dich nicht

Viele Kinder lieben und hassen dieses Spiel zugleich, wird man doch stets und ständig durch das Spielverhalten der anderen zum Ärger provoziert. Und diese Tatsache ist auch noch verbunden mit der Ermahnung des Spiels, man solle sich nicht ärgern!

Dieser Widerspruch lässt sich nur lösen, wenn man als Spielender lernt, seinen Ärger im Zaum zu halten und sich selbst zu kontrollieren. Gelingt dies nicht, wirft man etwa zornentbrannt alle Spielfiguren vom Spielbrett, um so die eigene Niederlage zu verhindern, gilt man als Spielverderber. Da man mit Spielverderbern aber nicht gern spielt, ist diese Strategie des Spielabbruchs auf Dauer nicht angeraten.

Im Laufe der Zeit und mit zunehmendem Alter gelingt es den meisten Kindern immer besser, den Rausschmiss der eigenen Spielfigürchen mal mit Humor, mal mit Strategie zu kontern.

Ideenolympiade

Ein weiteres empfehlenswertes, sehr interessantes Brettspiel ist die Ideenolympiade. Dieses ursprünglich für den therapeutischen Bereich entwickelte Spiel will Kinder anregen, Handlungsalternativen für konkrete Fragestellungen und Probleme zu entwickeln. Das Spielbrett ist wie eine Art Sportfeld aufgebaut, mit einer Laufbahn, auf der die verschiedenen Ideen miteinander konkurrieren und bewertet werden. Und es gibt eine Siegertribüne, auf der die beste Idee zur Lösung eines anstehenden Problems gekürt wird.

Den Mitspielern werden kurze Geschichten vorgelesen. Die Geschichten sind so konzipiert, dass jeder Mitspieler eine Strategie ersinnen muss, wie man das in der Erzählung geschilderte Problem lösen könnte. Gemeinsam besprechen alle Mitspieler dann die unterschiedlichen Ideen, um die beste Idee anschließend als Siegeridee zu prämieren.

Da Sie selbst eigene Geschichten schreiben und spielen lassen können, bietet sich die Möglichkeit, alters- und entwicklungsgerechte Themen aufzugreifen und gemeinsam Lösungen zu erarbeiten.

Für Zwei- bis Dreijährige ist dieses Spiel allerdings noch zu kompliziert. Sie können für diese Altersgruppe die Grundidee des Spiels benutzen und als Rollenspiel umsetzen.

Rollenspiele

Eine weitere höchst amüsante Art, Verhaltensalternativen zu erproben, bieten Rollenspiele. Dabei gibt es viele Spielmöglichkeiten:

- als Verkleidungsspiele, indem jeder der Beteiligten wie ein Schauspieler in unterschiedliche Rollen schlüpft.
- als Umverteilung von Rollen, indem etwa die Puppe zur Mutter, das Kind zum Vater und der Vater zum Kind wird.

Die Möglichkeiten des Rollentauschs sind nahezu unbegrenzt.

Vor allem für kleine Kinder ist es dabei hilfreich, Handspielpuppen, Stofftiere und Ähnliches ins Spiel einzubeziehen. Geben Sie Ihrem Kind so die Gelegenheit, Alltagssituationen aus seiner Sicht nachzuspielen. Schlüpfen Sie selbst in die Rolle des Kindes, und lassen Sie das Kind die Rolle der Mutter oder des Vaters spielen. Es ist oft höchst aufschlussreich und überraschend, wie die Tochter/der Sohn das eigene Verhalten wahrnimmt. Manche Mutter fragt sich im Ver-

Rollenspiele machen allen Kindern Spaß und bieten die Möglichkeit, Erfahrungen zu verarbeiten und neue Situationen einzuüben.

lauf eines Rollenspiels, ob sie tatsächlich so viel schimpft, wie es die Tochter in der Mutterrolle tut.

Gleichzeitig bieten Rollenspiele die Möglichkeit, neue Handlungsmuster zu verhandeln und gemeinsam auszuprobieren.

Spielen Sie doch einmal in einer entspannten Spielsituation gemeinsam mit Ihrem Kind einen Wutanfall. Übernehmen Sie die Rolle des Kindes, Ihr Kind oder eine der Puppen die Rolle der Mutter. Häufig entwickeln Kinder dabei selbst Ideen, wie man mit der Wut umgehen könnte, aber auch, wie man mit dem kleinen/großen Wüterich umgehen kann. Gleichzeitig lernen beide, wie wichtig es ist, miteinander im Gespräch zu bleiben, denn sonst ist das Spiel rasch beendet.

Sicherlich finden Sie selbst weitere Spielbeispiele, die helfen können, das Repertoire an Ärgerausdrucksweisen zu vergrößern. Neben dem pädagogischen Nutzen bietet das gemeinsame Spiel Ihnen und Ihrer Familie einen weiteren unschätzbaren Vorteil:

> Es macht einfach Spaß, gemeinsam zu spielen, und es vermittelt dem Kind bleibende Eindrücke.

Die Krise – ein produktiver Zustand

Jeder Mensch erlebt in seinem Leben immer wieder mal Krisen, in denen er alles in Frage stellt oder die ihn auf höchste Weise fordern. Auch im Leben mit Kindern gibt es immer wieder krisenhafte Situationen, in denen Eltern an sich und ihrem pädagogischen Geschick zweifeln. Doch jede Krise lässt sich überwinden, und man geht gestärkt daraus hervor.

Eine Frage der Sichtweise

Die Krise ist ein produktiver Zustand – man muss ihr nur den Beigeschmack der Katastrophe nehmen.

Jede Krise ist entwicklungs-fördernd.

Ein kluger Spruch – doch hat man in einer Krisensituation diesen Weitblick? Wer ist schon in der Lage, an einer Krise Geschmack zu finden? Wer kann den Beigeschmack der Katastrophe herausfiltern, wenn er so ganz und gar von der momentanen Krise in Anspruch genommen wird?

Und dennoch ist dieser Spruch richtig. Denn auch wenn man in der aktuellen Krisensituation selten in der Lage ist, die guten, entwicklungsförderlichen Aspekte dieser belastenden Situation zu erkennen, so kann man in der Regel rückblickend feststellen, dass jede überwundene Krise ein Stück weiterführte und neue Fähigkeiten entwickeln half.

Dies gilt auch für die so anstrengende Phase der Wutanfälle bei Kindern.

Die anstrengende Zeit, die Sie vielleicht im Moment mit Ihrem Kind erleben, ist eine Zeit großer Entwicklungspotenziale für Ihr Kind. Wenn Ihr Kind zu den trotzköpfigen Zweijährigen gehört, so lernt es gerade, sein Nein Ihrem Ja entgegenzusetzen. Es übt sich, seinen eigenen Willen, seine eigenen Wünsche, seine Ziele und Bedürfnisse zu entdecken. Leider geht diese Entdeckung auch mit der wenig bequemen Erfahrung einher, dass die kindlichen Wünsche und Ziele sich keineswegs immer mit den elterlichen decken. Da prallen schon mal heftig die Interessensgegensätze aufeinander, und keiner mag so schnell nachgeben.

Auf dem Weg zur Selbstständigkeit macht das Kind mit der Erfahrung, einen eigenen Willen zu haben, große Schritte vorwärts. Dies ist anstrengend für die Eltern, waren sie es bisher doch gewohnt, ihren Alltag für die Kleinen mit verplanen zu können. Nun kann jeder Schritt, jede Entscheidung ihrerseits Anlass zu einer Generaldebatte werden. Der kindliche Ärger, der Wutausbruch entzündet sich dabei rasch und vehement, meist verklingt er jedoch auch genauso abrupt.

Sicherlich ist Ihnen bei der Lektüre dieses Buches verständlich geworden, dass der Ärger und seine größere Schwester, die Wut, sinnvolle und unerlässliche Emotionen für die Selbstständigkeit und das Selbstwertgefühl sind. Ärger und Wut helfen uns, unsere eigenen Ziele und Wünsche klarer zu sehen; sie befähigen uns, eigene Vorstellungen zu vertreten und gegen Angriffe zu verteidigen.

Man stelle sich nur einmal einen kurzen Augenblick lang vor, wie es wäre, wenn Kinder nicht die Fähigkeit hätten, sich zu ärgern und wütend zu werden.

Zu allem immer Ja zu sagen, niemals zu widersprechen oder zu opponieren – eine grässliche Vorstellung.

Vielleicht werden Sie einwenden, dass sich Ihr Kind ja ruhig ärgern dürfe und wütend werden könne, aber bitte nicht so heftig, nicht so unkontrolliert und nicht so feindselig.

Sie haben Recht – und genau hier setzt die elterliche Erziehungsaufgabe an. Niemand, weder Kind noch Erwachsener, hat das Recht, sich so zu verhalten, dass die Freiheit des jeweils anderen eingeschränkt wird. Grenzenloser Egoismus und das Bestreben, nur seine eigenen Ziele verwirklicht zu sehen, begrenzen jedes Miteinander.

Kinder müssen also im Laufe ihrer Entwicklung allmählich lernen, diese egozentrische Sichtweise aufzugeben.

Sie sollten in die Lage versetzt werden, die Sicht des jeweils anderen mitzubedenken, seine Wünsche und Ziele zu respektieren.

Kinder sollten fähig sein, ihren Gefühlen Ausdruck zu verleihen.

Ziel der Erziehung ist es, Kindern beizubringen, die Bedürfnisse und Sichtweise des anderen beim eigenen Handeln zu berücksichtigen.

Daher müssen die Eltern ihnen helfen, ein Handlungsrepertoire zu entwickeln, das möglichst vielseitig ist.

In Bezug auf Ärger und Wut bedeutet dies, dass Kinder wie Erwachsene lernen müssen, diese heiße Emotion zu zügeln. Ziel muss es sein, dem eigenen Ärger Ausdruck verleihen zu können, ohne sich oder andere zu verletzen und ohne eine Spirale der Aggression in Gang zu setzen.

Das Gefühl von Ärger und Wut als Signal für Situationen, in denen etwas nicht so ist, wie man es sich wünscht, ist ein guter Indikator für mögliche Grenzverletzungen und den Wunsch nach Veränderung. Der adäquate Ärgerausdruck muss allerdings immer wieder geübt werden.

Aus dieser Perspektive erscheint dieses oft als negativ bezeichnete Gefühl in einem neuen Licht.

Sich ärgern zu können, wütend zu werden, bedeutet auch, sich und seine Ziele ernst zu nehmen. Es bedeutet auch, für eigene Ideale einzutreten und Grenzverletzungen namhaft zu machen.

Ziel der Erziehung sollte es daher nicht sein, dem Kind beizubringen, seinen Ärger zu unterdrücken, sondern es zu lehren, wie man Ärger sinnvoll und sozial verträglich ausdrücken kann.

Ärgern Sie sich also nicht, wenn Ihr Kind im Moment recht anstrengend ist, denn diese Krise ist ein produktiver Zustand.

Weiterführende Literatur

Archer, J. / Pearson, N. / Westeman, K.: Aggressive behavior of children aged 6–11: Gender differences and their magnitude. British Journal of Social Psychology, 27, 1988, S. 371–384.

Averill, J. R.: Anger and aggression. Springer, 1982

Baldering, D.: Selbstkonzept von Kindern im Grundschulalter. Ein Vergleich zwischen psychisch auffälligen Kindern und Kindern der Normalpopulation. Peter Lang, 1993

Bowlby, J. / Ainsworth, M. / Boston, M. / Rosenbluth, D.: The effects of mother-child separation: a follow-up study. British Journal of Medical Psychology, 29, 1956, S. 211–247

Buss, A. H.: The psychology of aggression. Wiley, 1961

Corwin, D. G.: Die Auszeitmethode. Urania, 2000

Crittenden, P.: Attachment and psychopathology. Paper presented at „John Bowlby's Attachment Theory: Historical Clinical and Social Significance". C. M. Hink's Institute. Toronto, 1993

Darwin, Ch.: Der Ausdruck der Gemüthsbewegung bei den Menschen und bei den Thieren. GRENO-Verlagsgesellschaft, 1986

Ekman, P.: Gesichtsausdruck und Gefühl. 20 Jahre Forschung von Paul Ekman. Junfermann, 1988

Goodenough, F.: Anger in young children. University of Minnesota Press, 1931

Lang, R. W.: Schlüsselqualifikationen. dtv, 2000

Lazarus, R. S.: Emotion and adaptation. Oxford University Press, 1991

Lersch, Ph.: Aufbau der Person. Barth, 1954

Novaco, R. W.: Anger and its therapeutic regulation. In: Chesney, M. A. / Rosenmann, R. H. (Hrsg.): Anger and hostility in cardiovascular and behavioral disorders. (S. 203-226), Hemisphere, 1985

Oerter, R. / Montada, L. (Hrsg.): Entwicklungspsychologie. Psychologie Verlagsunion, 3. vollständig überarbeitete Auflage 1998

Salisch, M. v.: Self-worth and the experience and expression of anger. Paper presented at the Meeting of the Society for Research in Child Development. New Orleans, 1993

Salisch, M. v.: Ärgerregulierung gegenüber Freunden, Vätern und Geschwistern. In: Witte, E. H. (Hrsg.): Sozialpsychologie der Motivation und Emotion. Beiträge des 10. Hamburger Symposions zur Methodologie der Sozialpsychologie. Lengerich: Papst, 1996

Salisch, M. v.: Wenn Kinder sich ärgern. Hogrefe, 2000

Spangler, G. / Zimmermann, P. (Hrsg.): Die Bindungstheorie. Grundlagen, Forschung und Anwendung. Klett-Cotta, 1995

Steffgen, G.: Ärger und Ärgerbewältigung. Empirische Prüfung von Modellannahmen und Evaluation eines Ärgerbewältigungstrainings. Westermann, 1993

Ulich, D. / Mayring, P.: Psychologie der Emotionen. Kohlhammer, 1992

Weber, H.: Ärger, Selbstwert und Selbstdarstellung. In Laux, L. / Weber, H.: Emotionsbewältigung und Selbstdarstellung, (S. 95–129). Kohlhammer, 1993.
Weber, H.: Ärger. Psychologie einer alltäglichen Emotion. Juventa Verlag, 1994

Hilfreiche Adressen

Bundesverband Neue Erziehung e. V.
– Familienverband –
Am Schützenhof 4
53119 Bonn
Tel.: 0228 / 664055-56

Arbeitskreis Neue Erziehung e. V.
Markgrafenstr. 11
10969 Berlin
Tel.: 030 / 259006-32
Fax: 030 / 259006-50

Mütterzentren Bundesverband e. V.
Geschäftsstelle:
Müggenkkampstr. 30 a
20257 Hamburg

Bei Problemen helfen auch die in den meisten Städten exis-
tierenden Angebote der Erziehungsberatung weiter. Bera-
tungsstellen erfahren Sie über die Sozialämter bzw. Jugend-
ämter. Oder Sie schlagen einfach im Telefonbuch nach.

Ravensburger Ratgeber
im Urania Verlag

Helga Gürtler
Regeln finden ohne Tränen
So lösen Sie Konflikte in der Familie
In Zusammenarbeit mit dem Deutschen
Kinderschutzbund (DKSB)
128 Seiten – mit 20 s/w-Abbildungen
ISBN 3-332-011135-9

*Praktische Hilfe für die typischen Konflikte
im Alltag*

Donna G. Corvin
Die Auszeit-Methode
Der neue Weg, Konflikte zu lösen
128 Seiten – zweifarbig mit 20 Abbildungen
ISBN 3-332-01254-1

Im Streit innehalten – gelassener reagieren

Ravensburger Ratgeber im Urania Verlag

Heike Baum
So fördere ich mein Kind
Das richtige Spielzeug für die ersten 5 Jahre
In Zusammenarbeit mit dem Deutschen
Kinderschutzbund (DKSB)
128 Seiten – vierfarbig mit 35 Abbildungen
ISBN 3-332-01249-5

*Klare Kriterien und handfeste Tipps für
alle Bereiche*

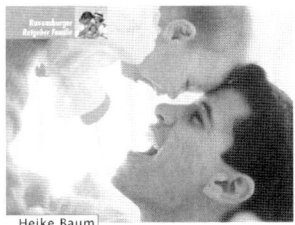

Heike Baum
Papa, spiel mit mir!
1000 tolle Ideen und Tipps
In Zusammenarbeit mit dem Deutschen
Kinderschutzbund (DKSB)
128 Seiten – vierfarbig mit 35 Abbildungen
ISBN 3-332-011135-9

Ein Buch für den Vater-Nachttisch